VOM TRAUM ERWACHEN

Widmung

Zweitausend Jahre lang sind Jesus und Maria Symbole der unwandelbaren LIEBE GOTTES zu allen SEINEN Kindern gewesen. Wohl wissend, daß die Trennung nur eine winzig kleine Wahnidee war, zeigten sie die LIEBE, Gnade und Einheit des HIMMELS vollkommen in einer unvollkommenen Welt auf. Die Botschaft, die sie uns vor zweitausend Jahren vorlebten und die nun in *Ein Kurs in Wundern* enthalten ist, bietet uns einen schnelleren Rückweg zu GOTT an. Dieses Buch ist der Hoffnung gewidmet, daß die Welt die Botschaft annehmen möge, die hier in tiefer Dankbarkeit zu Jesus und Maria, den liebevollen Manifestationen des HEILIGEN GEISTES, erneut dargelegt wird.

Inhalt

Hinweis zum Lesen der Zitatangaben

Stellen aus *Ein Kurs in Wundern* werden in folgender Weise zitiert, mit einem Beispiel zu jedem Teil des Kurses:

T-26.IV.4: 7
- T: Textbuch
- 26: Kapitel
- IV: Abschnitt
- 4: Absatz
- 7: Satz

Ü-I.169.5:2
- Ü: Übungsbuch
- I: Teil I
- 169: Lektion
- 5: Absatz
- 2: Satz

H-13.3:2
- H: Handbuch für Lehrer
- 13: Frage
- 3: Absatz
- 2: Satz

B-4.6:7
- B: Begriffsbestimmung
- 4: Begriff
- 6: Absatz
- 7: Satz

Abkürzungen für *Ein Kurs in Wundern*:

T:	Textbuch	Wdh.:	Wiederholung (im Übungsbuch)
Ü:	Übungsbuch		
H:	Handbuch für Lehrer	LL:	Letzte Lektionen (im Übungsbuch)
B:	Begriffsbestimmung		
Einl.:	Einleitung	Ep.:	Epilog

Einführung in *Ein Kurs in Wundern*

Vom Traum erwachen basiert auf der Lehre von *Ein Kurs in Wundern*. Es verfolgt einen doppelten Zweck: Einerseits soll der Kurs neuen Lesern nahegebracht werden, anderseits wird Schülern des Kurses eine neue Sichtweise angeboten, wie sie das Denksystem des Kurses betrachten und verstehen können. Für diejenigen Leser, die hier zum ersten Mal etwas über den Kurs erfahren, beginnen wir mit einer kurzen Zusammenfassung seiner Entstehung, dessen, was er ist, und des darin enthaltenen Denksystems.*

Wie *Ein Kurs in Wundern* entstand

Ein Kurs in Wundern ist das Ergebnis der Zusammenarbeit der beiden Psychologen Helen Schucman und William Thetford. Sie war Assistenzprofessorin und er Professor der klinischen Psychologie an der medizinischen Fakultät der Columbia-Universität in New York. Bill war 1957 zum

* Für Leser, die an einer eingehenderen Betrachtung von *Ein Kurs in Wundern* interessiert sind, weisen wir auf *Die Vergebung und Jesus* hin; siehe auch »Weitere Literatur« am Ende des Buches.

Direktor der Psychologieabteilung berufen worden und hatte Helen Anfang 1958 als Leiterin eines Forschungsprojekts eingestellt. Die ersten sieben Jahre war ihre Beziehung sehr angespannt gewesen, denn Helen und Bill waren denkbar verschiedene Persönlichkeiten. Außerdem wurde diese Situation dadurch erschwert, daß beide jeweils den anderen für ihre Probleme verantwortlich machten. Trotz dieser persönlich ambivalenten Beziehung arbeiteten sie beruflich ausgezeichnet zusammen. Zusätzlich zum Druck, der in akademischen Kreisen üblich ist, erforderten die ständigen Querelen in ihrer Abteilung ihre gemeinsame Aufmerksamkeit und Kraft. Wie in den meisten medizinischen Fakultäten wurde die Psychologieabteilung damals im Vergleich zu den angeseheneren medizinischen Abteilungen stiefmütterlich behandelt.

Im Frühjahr 1965 trat eine Wende ein. Kurz vor einem fachübergreifenden Treffen in einer anderen medizinischen Fakultät der Stadt tat Bill etwas für ihn sehr Unübliches: Er hielt Helen eine lange, leidenschaftliche Rede. Die Quintessenz davon war, daß er sich viele Gedanken über ihre Arbeitsbeziehung und die Verhältnisse innerhalb der medizinischen Fakultät gemacht hatte und zum Schluß gekommen war, es müsse »einen besseren Weg« geben, mit anderen umzugehen, als mit der für ihren Umgang so typischen Aggression, Rivalität und Kritik. Ebenso überraschend war Helens Antwort darauf: Sie gab ihm recht. Ohne zu wissen, woraus dieser »bessere Weg« bestand, gelobte sie, sich für diese Suche mit Bill zusammenzutun. Man könnte sagen, daß *Ein Kurs in Wundern* in diesem Augenblick der Verbindung – der im Kurs »heiliger Augenblick« genannt werden sollte – entstand, auch wenn es bis zum Beginn der Niederschrift noch mehrere Monate dauern sollte.

Dieses gemeinsame Unterfangen zweier einander entgegengesetzter Partner, die ihre gegenseitige Wahrnehmung von Haß zu Vergebung und von getrennten zu gemeinsamen Interessen verschoben, ist ein hervorragendes Beispiel für ein Wunder: »Der heiligste von allen Orten dieser Erde ist der, an dem ein alter Haß zu gegenwärtiger Liebe wurde« (T-26.IX.6:1). Hier sehen wir, wie der Kurs von Anfang an mit großer Beständigkeit die darin enthaltene Lehre immer wieder praktisch aufzeigt.

Es war, als hätte Helen nur darauf gewartet, daß Bill diese Frage stellte, denn sie löste eine Reihe innerer Ereignisse aus – Träume, Visionen, übersinnliche Erfahrungen –, die bis in den Herbst 1965 hinein andauerten. Sie waren für Helen völlig unerwartet, da sie sich selbst als eine Forschungspsychologin betrachtete, die sich den »harten« Tatsachen – in ihren Augen das angemessene Gebiet für einen Wissenschaftler – verschrieben hatte. In einer solchen Rolle war kein Platz für »verrücktes« oder »nebulöses« Denken, wozu die übersinnlichen und religiösen Erlebnisse, die sie nun ständig hatte, ganz eindeutig gehörten. Bill – der Helens Vertrauter in diesen Dingen war, denn Louis, ihr Mann, fand das alles eher bestürzend – hatte sich, zumindest bis dahin, genausowenig für solche Phänomene interessiert wie Helen. Dennoch konnten beide nicht leugnen, daß sie tatsächlich stattfanden, um so mehr, als es sich um nachweisbare telepathische Erfahrungen handelte.

Dieses Geschehen näherte sich im Oktober 1965 seinem Höhepunkt, als Helen Bill mitteilte, sie werde wohl bald etwas ganz Unerwartetes tun. Bill schlug ihr vor, sich ein Notizbuch zu besorgen und, da sie Stenographie beherrschte, alles aufzuschreiben, was ihr durch den Kopf ging und was sie hörte oder sah. Das tat Helen, bis das Ganze eines Tages gegen Ende Oktober darin gipfelte, daß sie eine innere Stimme unablässig wiederholen hörte: »Dies ist *Ein Kurs in Wundern*. Bitte schreib mit.« Außer sich rief sie Bill an, der ihr ruhig und besonnen riet, der Aufforderung der Stimme doch nachzukommen und ihre Aufzeichnungen am nächsten Morgen ins Büro mitzubringen, dann würden sie sehen, was sich daraus ergab. Sieben Jahre später waren drei Bücher entstanden, die man heute unter dem Titel *Ein Kurs in Wundern* kennt.

Die innere Stimme gab sich als Jesus aus. Ein Großteil des Kurses ist in der ersten Person geschrieben. Es ist jedoch nicht nötig, daß ein Schüler des Kurses glaubt, daß Jesus dessen Autor ist, um die darin enthaltenen Grundsätze zu lernen und anzuwenden. Wie es im Kurs heißt:

> Es ist möglich, seine Worte zu lesen und aus ihnen Nutzen zu ziehen, ohne ihn in dein Leben anzunehmen. Doch würde er dir noch ein wenig mehr helfen, wenn du deine Schmerzen und Freuden mit ihm teilst und beide verläßt, um den Frieden GOTTES zu finden. Doch nach wie vor möchte er vor allem, daß du seine Lektion lernst ... (B-5.6:6-8).

Wichtig ist hingegen, daß man Jesus als Urheber des im Kurs dargelegten Stoffes akzeptiert:

> Dieser Kurs ist von ihm [Jesus] gekommen, weil seine Worte dich in einer Sprache erreichen, die du lieben und verstehen kannst (H-23.7:1).

Dies vor Augen zu haben ist deswegen wichtig, weil sich viele Stellen im Kurs, die sich auf Jesu Kreuzigung und Auferstehung beziehen, deutlich machen, daß die christliche Überlieferung seine Botschaft aus der Sicht dessen, was er in *Ein Kurs in Wundern* lehrt, beträchtlich mißverstanden und verzerrt hat.*

Für Helen war die Stimme Jesu, die ihr den Text diktierte, wie ein inneres Tonband, das sie nach Belieben an- oder abstellen konnte. Sie war dabei weder in Trance noch in einem veränderten Bewußtseinszustand, und es handelte sich auch nicht um automatisches Schreiben. Helen war bei Vollbewußtsein und konnte die Niederschrift des Diktats jederzeit, auch mitten in einem Satz, unterbrechen und dort weitermachen, wo sie aufgehört hatte. Das ist um so beeindruckender, als viele Abschnitte in jambischen Pentametern, dem komplizierten Shakespeareschen Blankvers, geschrieben sind. Gewöhnlich fand das Diktat zu einer günstigen Zeit für Helen statt, etwa abends, so daß es ihren Tagesablauf nicht störte. Manchmal, wenn sie aufhörte, bevor das Diktat eines Abschnitts abgeschlossen war, konnte sie nicht einschlafen, bis sie es fertiggeschrieben hatte. Und jeden Tag las Helen, wann immer es die Zeit in ihrem sehr ausgefüllten Tagesprogramm an der medizinischen Fakultät erlaubte, Bill das tags zuvor Diktierte vor; Bill tippte es dann in die Schreibmaschine und versuchte gleichzeitig, Helen zu beruhigen, deren Unbehagen und akute Ängste ihr das Vorlesen sehr erschwerten. Wie gesagt, handelte es sich hier wahrhaft um ein gemeinsames Unterfangen.

Nach der Entfernung der für Helen und Bill persönlich gemeinten Stellen wurde *Ein Kurs in Wundern* praktisch unverändert gedruckt. Er enthält also keine von den Verzerrungen, wie sie sich vor beinahe 2000 Jahren so rasch nach Jesu Tod in seine Botschaft einschlichen. Er wurde

* Interessierte Leser finden eine eingehendere Besprechung des Unterschiedes zwischen Kurs und Christentum in *A Course in Miracles and Christianity: A Dialogue* (deutsche Übersetzung erscheint zu einem späteren Zeitpunkt im Greuthof Verlag).

ohne Abschnitts- und Kapitelüberschriften, ohne Interpunktion und Absätze diktiert. Diese Arbeit haben Helen und Bill als erste ausgeführt. Danach schrieb Helen auf dieselbe Weise noch zwei kleinere Schriften nieder: »Psychotherapie: Zweck, Prozeß und Praxis«, eine Zusammenfassung der Grundsätze der Heilung im psychotherapeutischen Rahmen, sowie »Das Lied des Gebets«, eine poetische Kurzform der Lehre des Kurses über die Vergebung und die Heilung.*

Helen fiel es schwer, die Prinzipien des Kurses selbst in allen Lebensbereichen anzuwenden, aber sie zweifelte nie am Wahrheitsgehalt des Kurses noch daran, daß Jesus sein Urheber war, auch wenn es inzwischen schon verdrehte Berichte gibt, die dies anders darstellen. Vielmehr lag es ihr sehr am Herzen, die Reinheit des Kurses zu bewahren, den sie im tiefsten Inneren sehr wohl verstand, und sie war Menschen gegenüber, die seine Lehre verzerrten und den Kurs zu eigennützigen Zwecken verwandten, äußerst kritisch eingestellt. Sie konnte immer echt von unecht oder, um aus ihrem Lieblingsstück *Hamlet* zu zitieren, »einen Falken von einem Reiher« unterscheiden.

Ebenfalls im Gegensatz zu kursierenden Gerüchten war Helen eigentlich nie eine Atheistin gewesen, obwohl sie sich zu Beginn ihrer beruflichen Laufbahn als solche ausgegeben hatte. Sie war als Jüdin zur Welt gekommen, seit ihrer Kindheit auf der geistigen Suche gewesen und hatte sich besonders zur römisch-katholischen Kirche hingezogen gefühlt, wenn sie sich auch die katholischen Lehren und Dogmen nie zu eigen gemacht hatte. Ihre Haßliebe zur Kirche übertrug sich auf Jesus, und schließlich ließ sie vol-

* Unter dem Titel *Ergänzungen zu Ein Kurs in Wundern* 1995 im Greuthof Verlag, Gutach i. Br., erschienen; siehe auch »Weitere Literatur« am Ende des Buches.

ler Frustration und Ärger von ihrer geistigen Suche ab. Ihrer Ansicht nach hatte sie ihren Teil dazu getan, GOTT zu finden, ER aber den SEINEN nicht. Übrigens wird Helens Ringen mit Jesus in einigen ihrer Gedichte deutlich, die nach ihrem Tod veröffentlicht wurden.*

Beinahe ebenso beeindruckend wie der Kurs waren Helen und Bill selbst. Helen fragte Jesus kurz nach Beginn des Diktates, weshalb gerade sie statt einer heiligen Nonne oder sonst jemandem, der vielleicht für diese Rolle besser geeignet wäre, diese Arbeit ausführte. Daraufhin antwortete er einfach: »Weil du bereit warst, es zu tun.« Und da sie schon dabei war, es zu »tun«, konnte sie ihm nicht gut widersprechen. Wie dem auch sei, Helen und Bill erfüllten ihre Rollen ganz hervorragend, nicht nur, weil sie das Diktat aufnahmen, sondern weil sie das außerdem tadellos und originalgetreu taten. Ihre gemeinsame Hingabe ist ein schönes Beispiel für die Reinheit ihrer Intention und Treue dem gegenüber, was Bill später einmal eine »heilige Verpflichtung« nannte. Helen und Bill ließen nie zu, daß ihre persönlichen und beruflichen Ego-Interessen – die wir alle haben – ihre Arbeit mit dem Kurs behinderten, weder während des Diktates noch danach. Man hätte sich keine getreulicheren Mitarbeiter am Erlösungsplan des HEILIGEN GEISTES wünschen können. Helen starb 1981, Bill 1988.

Helens Erfahrungen während der Niederschrift des Kurses sowie ihre Beziehung zu Jesus sind in *Absence from Felicity*** festgehalten, der Biographie über Helen Schucman und die Entstehung von *Ein Kurs in Wundern*.

* Schucman, Helen: *The Gifts of God*. Foundation for Inner Peace, 1982 (deutsche Übersetzung erscheint zu einem späteren Zeitpunkt im Greuthof Verlag).

** Wapnick, Kenneth: *Absence from Felicity*. Foundation for »A Course in Miracles«, Roscoe, NY, 1991 (deutsche Ausgabe erscheint voraussichtlich im Herbst 1999 im Greuthof Verlag).

Was *Ein Kurs in Wundern* ist

Ein Kurs in Wundern besteht aus drei Büchern, dem Textbuch, dem Übungsbuch und dem Handbuch für Lehrer, die zusammen ein vollständiges Lernprogramm bilden. Dabei ist zu erwähnen, daß wir im Kurs alle gleichermaßen als Lehrer und Schüler bezeichnet werden, und somit sind die drei Bücher für alle Schüler dieses Kurses gemeint. Das Textbuch enthält die theoretische Grundlage für die praktische Anwendung der dargelegten Gedanken im Übungsbuch, das aus 365 Lektionen besteht, eine für jeden Tag des Jahres. Das Werk enthält wenige »Regeln«, und es wird auch keine bestimmte Reihenfolge für die Arbeit mit den drei Büchern empfohlen; jeder ernsthafte Schüler sollte sich jedoch irgendwann mit allen drei Büchern befassen. Ohne das Textbuch wären die Aussagen im Übungsbuch bedeutungslos und könnten leicht zu Mißverständnissen führen, während die im Textbuch dargelegte Lehre ohne die ganz praktische Anwendung der täglichen Übungsbuchlektionen allzu abstrakt blieben. Im dritten Band, dem Handbuch für Lehrer, das aus Fragen und Antworten besteht, werden einige der wichtigsten Themenkreise des Kurses zusammengefaßt. In einem Anhang dazu, der drei Jahre nach Vollendung des Kurses niedergeschrieben wurde, finden sich Begriffsbestimmungen einiger Schlüsselworte des Kurses.

Auch wenn das Übungsbuch 365 Lektionen enthält, ist der Kurs kein »einjähriger« Lehrgang. Das Übungsbuch schließt mit folgenden Worten: »Dieser Kurs ist ein Beginn, kein Ende« (Ü-Ep.1:1). Das ist für Schüler, die nun hoffen, sämtliche Probleme würden nach den letzten Lektionen wie durch Zauberhand von ihnen fallen, kaum beruhigend. Das Übungsbuch zielt lediglich darauf ab, unser Denken den im Textbuch enthaltenen Grundsätzen entsprechend neu auszurichten; es soll uns darauf vorbereiten, unser Leben von nun an damit zuzubringen, uns diese Lehre zu eigen zu machen und unter der Führung unseres LEHRERS, des HEILIGEN GEISTES, die Lektionen zu lernen, die unsere Alltagserfahrungen für uns bereithalten.

Ein Kurs in Wundern beansprucht weder, die einzige Form der Wahrheit noch der einzige spirituelle Weg zu sein, den jemand zur Rückkehr zu GOTT einschlagen kann. Vielmehr heißt es darin, er sei nur eine Form »des universellen Kurses« und es gebe »viele Tausende von anderen Formen, und alle führen zum selben Ergebnis« (H-1.4:1-2). Man kann also sagen, daß alle spirituellen Wege zwar dasselbe Ziel haben, sich jedoch durch bestimmte spezifische Merkmale voneinander unterscheiden. *Ein Kurs in Wundern* ist nicht nur ein einzigartiger, sondern auch im wahrsten Sinn des Wortes ein radikaler Weg, da er den Dingen bis zu deren Wurzeln auf den Grund geht. Immer wieder werden wir aufgefordert, das Übel an der Wurzel zu packen oder zur ursprünglichen Ursache unserer Probleme zurückzukehren: zu unserem Glauben an die Trennung von GOTT.

Die Lehre des Kurses besagt, daß wir uns an GOTT erinnern, DER uns erschaffen hat, indem wir unsere Schuld dadurch aufheben lassen, daß wir anderen, und damit uns selbst, vergeben. Er befaßt sich demnach hauptsächlich damit, Heilung in Beziehungen herbeizuführen, die nur im Geist bestehen, wenngleich sie in die Welt projiziert und dort erlebt werden. Die Integration einer nondualen Metaphysik mit einer praxisnahen Psychologie ist dabei sehr ungewöhnlich. Eine der wichtigsten Aussagen des Kurses in diesem Zusammenhang ist die, daß GOTT diese Welt nicht erschaffen hat, da ER ein liebender SCHÖPFER ist. Und statt diese Aussage als abstrakte theologische Frage ohne Bedeutung für unser Alltagsleben in den Raum zu stellen, wird uns im Kurs geholfen, die außerordentlich weit reichenden Folgen dieser Grundwahrheit zu begreifen. Man könnte sogar sagen, daß Schüler von *Ein Kurs in Wundern* weder die Theorie des Kurses ganz verstehen noch die praktische Lehre der Vergebung ausnahmslos auf jeden Lebensbereich anwenden können, wenn diese metaphysische Voraussetzung nicht akzeptiert wird. Die metaphysischen Aussagen über das Wesen GOTTES und der Welt sind mit einer hochdifferenzierten Psychologie verknüpft, anhand deren wir die ontologische Lehre des Kurses besser verstehen und im Hinblick auf unsere eigene Erlösung anwenden können.

Einerseits lehrt der Kurs, GOTT habe die materielle Welt nicht erschaffen; diese wird demnach nicht als wirklich, sondern als illusionär betrachtet; sie ist das Ergebnis unseres Fehlglaubens, wir hätten uns von GOTT getrennt. Anderseits wird im Kurs immer wieder betont, wie wichtig es ist, in dieser Welt zu leben, *als wäre* sie wirklich, und sie als Schule zu betrachten, in der wir unsere Vergebungslektionen lernen. Diese Lektionen lassen sich am Ende auf alle unsere Beziehungen übertragen, einschließlich derjenigen zu GOTT. Wir erwachen aus dem Traum der Trennung, indem unser verfehltes Denksystem berichtigt wird, und kehren zum Gewahrsein unserer QUELLE im HIMMEL zurück.

Außerdem enthält *Ein Kurs in Wundern* eine einmalig interessante Mischung östlichen und westlichen Gedankenguts. Seine nondualistische Metaphysik weist mehr Parallelen zu den alten Lehren des Hinduismus und Buddhismus auf als zu den dualistischen der Hauptreligionen des Westens. Dennoch ist die Sprache des Kurses eine jüdisch-christliche, und seine Theologie und Vergebungsgrundsätze sowie die Rolle Jesu oder des HEILIGEN GEISTES werden hauptsächlich in Gegenüberstellung zu einer ganzen Reihe biblischer Lehrsätze entwickelt. Schließlich gründet seine Psychologie hauptsächlich auf der Pionierarbeit Sigmund Freuds.

Die universelle geistige Schau des Kurses kleidet sich demnach in eine ganz bestimmte konfessionelle Form, was zu einer auf der Hand liegenden Frage führt: Wenn das Thema des Kurses nichtkonfessionell ist, weshalb dann die christliche Form, weshalb Jesus als sein ausdrücklich genannter Urheber? Im Kurs selbst heißt es: »Eine universelle Theologie ist unmöglich, aber eine universelle Erfahrung ist nicht nur möglich, sondern nötig« (B-Einl.2:5). Interessanterweise bereitet der »christliche« Ton des Kurses sowohl jüdischen als auch christlichen Lesern Schwierigkeiten, von spirituellen Suchern, die sich keiner religiösen Form verpflichtet fühlen, ganz zu schweigen. Die Antwort auf diese Frage liegt in der fundamentalen Vorgehensweise des Kurses selbst, nämlich einen Fehler in ebender Form zu berichtigen, in der er aufgetreten ist. Im Kurs heißt es, Vergebung könne nur in der Form Heilung bringen, in der die Nichtvergebung stattfand. Indem uns der Kurs in der Welt unserer Fehler »abholt«, berichtigt er unsere Illusionen ganz sanft und führt uns über sie hinaus zur Wahrheit.

Auch dem völlig unbeteiligten Betrachter kann es nicht entgangen sein, daß das Christentum wohl der bestimmendste Faktor der westlichen Geschichte der letzten 2000 Jahre war und sich durch alle Belange unserer Gesellschaft hindurchzieht. Unsere Geschichtszählung beginnt mit der angenommenen Geburt Jesu, und es gibt niemanden, völlig unabhängig von seiner Religion, der nicht von Jesus und den in seinem Namen entstandenen Religionen beeinflußt worden wäre. Es ist auch offensichtlich, daß das Christentum nicht eben christlich war. Nietzsche bemerkte, es habe »eigentlich nur *einen* Christen gegeben, und dieser starb am Kreuz«; und Chesterton stellte fest, daß das christliche Ideal nicht etwa »erprobt und nicht für gut befunden wurde; es wurde als schwierig befunden und gar nicht erst erprobt«.

Man braucht sich also nicht besonders intensiv mit der Geschichte befaßt zu haben, um sich darüber im klaren zu sein, daß das Christentum ein zweifelhaftes Geschenk für die Welt war. Zunächst hielt es Jahrhunderte hindurch die Erinnerung an Jesus – die reinste Äußerung der Liebe GOTTES, die wir kennen – und an sein Beispiel wach, einschließlich seines Evangeliums der Vergebung; außerdem verdankt ihm die Welt zahlreiche Kulturgüter und Kunstwerke. Gleichzeitig war das Christentum jedoch eine Religion des Opfers, der Schuld und Verfolgung, des Mordes und Elitedenkens, wobei Jesus – dessen Evangelium nur Liebe, Vergebung, Friede und Einheit gewesen war – als Hauptsymbol diente. Im Kurs selbst heißt es: »Bittere Götzen wurden aus ihm gemacht, der nur ein Bruder für die Welt sein wollte« (B-5.5:7). Somit kann man die Entwicklung des Christentums zum Teil als die Geschichte eines Volkes betrachten, das zwar an Jesus und an seine Botschaft glaubte, der Welt jedoch unwissentlich Konflikt, Krieg und Trennung statt Frieden, Einheit und Erlösung brachte. Anstatt alle Völker als eine in GOTT verbundene Familie zu sehen, hat es diese Familie unterteilt und nochmals aufgeteilt. Bevor wir also die radikale Botschaft der Vergebung und Einheit *aller* Menschen als Familie GOTTES voll und ganz annehmen können, müssen die Fehler der Vergangenheit berichtigt und aufgehoben werden. Wie im Kurs deutlich wird, sind die Fehler der Christenheit nur ein weiteres Beispiel für die Grundfehler aller Individuen und Gruppierungen, die glauben, die Trennung von GOTT habe tatsächlich stattgefunden. Daher gibt uns das Christentum Gelegenheit, nicht nur vergangene Fehler zu heilen, sondern auch ein besseres Verständnis für die Funktionsweise unseres eigenen Ego zu erlangen, die sich in der Geschichte der christlichen Religionen niedergeschlagen hat.

Wer sich auf *Ein Kurs in Wundern* einläßt und erwartet, dem Christentum zu begegnen, das er – im Guten oder Schlechten – erlernt und angewandt hat, oder aber einem Christentum, in dem Bigotterie und Verfolgungen gutgeheißen wurden, wird überrascht sein. Er wird zwar vielen vertrauten Worten begegnen – etwa SÜHNE, Erlösung, Vergebung der Sünden, CHRISTUS, SOHN GOTTES usw. –, aber mit einer anderen Bedeutung und anderen Begriffsinhalten. Die Kreuzigung bleibt nach wie vor das Hauptereignis im Leben Jesu, die Deutung des Kurses weicht jedoch um 180 Grad von der herkömmlich gelehrten Überlieferung ab, er habe um unserer Sünden willen gelitten und sei dafür gestorben. Mehr noch, die Kreuzigung wird als Vergebungsmodell für unser eigenes Verhalten beschrieben, sollten wir versucht sein, uns von der Welt als ungerecht behandelt wahrzunehmen.

Freud wird heute allgemein und auch in Fachkreisen gerne kritisiert, zum Teil wegen seiner betont antireligiösen Haltung. Dennoch hätte es ohne seine Vorarbeit keinen Kurs gegeben. Die Funktionsweise des Ego wird im Kurs vorwiegend psychoanalytisch dargestellt, und daß die Projektion allgemein akzeptiert und verstanden wird, ist jedenfalls Freud und der Arbeit derer zu verdanken, die in seine Fußstapfen getreten sind. Hierbei können paradoxerweise die Einsichten eines Mannes, der die Existenz der Seele so leidenschaftlich leugnete, umgewendet dazu dienen, um uns die Ego-Schranken aufheben zu helfen, die uns davon abhalten, unsere wahre Identität als Kinder GOTTES zu erkennen.

Ebenso wichtig ist die Tatsache, daß *Ein Kurs in Wundern* an einem sehr unwahrscheinlichen Ort in die Welt gelangte: einer medizinischen Hochburg mitten in New York. Man hätte kaum eine Umgebung finden können, wo Materialismus und Machtmißbrauch der Welt krasser ins Auge springen. Wie wir jedoch bereits in bezug auf das Christentum gesehen haben, sollen Fehler in der Form berichtigt werden, in der sie aufgetreten sind. Die Geburtsstätte des Kurses ist demnach für diejenigen, die den Kurs lieber in der Einsamkeit »üben« oder »lernen« möchten, eine symbolische Erinnerung, daß wir unsere Lektionen genau dort zu lernen haben, wo wir sind, nämlich mitten in den problematischen Beziehungen und Situationen unseres Alltagslebens. Im Kurs heißt es:

> Es gibt jene, die aufgerufen werden, ihre Lebenssituation fast umgehend zu ändern, aber das sind meist besondere Fälle. Der überwiegenden Mehrheit wird ein sich langsam entwickelndes Schulungsprogramm gegeben, in dem so viele frühere Fehler wie möglich berichtigt werden. Insbesondere Beziehungen müssen richtig wahrgenommen und alle finsteren Ecksteine der Nichtvergebung beseitigt werden. Sonst hat das alte Gedankensystem nach wie vor eine Basis für die Rückkehr (H-9.1:6-8).

Der Kurs wurde 1976 erstmals von der *Foundation for Inner Peace* veröffentlicht; seither wurden weltweit über 1,2 Millionen Exemplare verkauft. Bis jetzt sind die spanische, portugiesische, hebräische und deutsche Übersetzung erschienen, andere Sprachen sind in Vorbereitung.

Über die Autoren

Kenneth

Ich bin in einer jüdischen Familie im New Yorker Stadtteil Brooklyn aufgewachsen. Nach einer gründlichen hebräischen Schulung in einer jüdischen Grundschule fand ich mit dreizehn Jahren, ich habe jetzt die Nase voll, und zwar nicht nur vom Judentum, sondern von der Religion ganz allgemein. Damit begann eine lange Zeit des Agnostizismus für mich, während ich mich parallel dazu immer tiefer in das Reich der klassischen Musik einließ. Beethoven und Mozart waren unter anderem die beiden Leitbilder, die mir schließlich zur Einsicht verhalfen, es gebe doch einen GOTT, DER mich erschaffen hatte und mich liebte. Unterdessen promovierte ich 1968 in klinischer Psychologie und schrieb eine Dissertation über die mystischen Erfahrungen der *hl. Teresa von Avila*, einer katholischen Nonne im Spanien des 16. Jahrhunderts.

Nachdem meine erste Ehe 1970 in die Brüche gegangen war, übernahm ich eine Arbeit als leitender Psychologe an einer staatlichen psychiatrischen Klinik in New York. Trotz meiner starken Beanspruchung in der Klinik lebte ich zwei Jahre lang sehr zurückgezogen und fühlte mich immer mehr zu einer einfacheren Lebensweise hingezogen, die, wie mir später aufging, mönchische Züge hatte. Nach der Lektüre von Büchern des Trappistenmönches Thomas Merton im Frühjahr 1972 suchte ich schließlich sein Kloster, die Abtei Gethsemani in Kentucky, auf. Zu meiner größten Überraschung fühlte ich mich dort sehr zu Hause und empfand die Gegenwart GOTTES dort ebenso stark, wie wenn ich Beethoven oder Mozart hörte. Daraus schloß ich, daß es GOTTES WILLE war, daß ich Mönch und katholisch werden solle.

Ich unternahm rasch die nötigen Schritte dazu und wurde kurze Zeit darauf im September 1972 getauft, dabei glaubte ich weder an die Kirchenlehren, noch interessierte mich deren Hauptfigur sonderlich. Erst mehrere Monate später fing Jesus an, eine wichtige Rolle in meinem Leben zu spielen. Ich fühlte mich hingegen sehr zum Klosterleben hingezogen und hatte vor, nach Ablauf der von der Kirche vorgeschriebenen einjährigen Wartezeit nach der Taufe ins Kloster zu gehen. Zwei Monate danach, im November 1972, legte ich meine Arbeit in der Klinik nieder und bereitete meine Abreise nach Israel vor, ohne recht zu wissen, warum ich eigentlich dorthin wollte.

Kurz vor meiner Abfahrt schlug ein Freund, der Priester und Psychologe war, ein Treffen mit zwei weiteren Psychologen – Helen Schucman und William Thetford – vor, die seiner Meinung nach großes Interesse an geistigen Fragen hatten. Wir verbrachten einen angenehmen Abend miteinander. Zwar wurde *Ein Kurs in Wundern* nicht erwähnt, dessen Niederschrift gerade eben abgeschlossen war, aber es war von einem Buch die Rede, das Helen »geschrieben« hatte. Bill zeigte dabei auf einen Stapel von sieben dicken Aktenordnern, in die der Kurs damals abgeheftet war. Ich lehnte ihr Angebot ab, mir das Manuskript anzusehen, weil ich mir vor meiner Abreise nach Israel nicht mehr etwas so Großes vornehmen wollte. Aber die darauffolgenden fünf Monate, während derer ich – die meiste Zeit unerwarteterweise in zwei Klöstern – in Israel weilte, mußte ich immer wieder an das Buch denken.

Im Mai 1973 kehrte ich nach New York zurück, wo ich nur etwa einen Monat bleiben wollte, um danach in ein Kloster auf einem Berg in Galiläa zurückzukehren. Doch alles kam ganz anders. Kurz nach meiner Rückkehr suchte ich Helen und Bill auf und las zum ersten Mal in *Ein Kurs in Wundern*. Es wurde mir schnell klar, daß ich, ohne es zu wissen, genau danach gesucht hatte. Der Kurs war die einzige Lehre, die ich bis dahin kennengelernt hatte, in welcher Psychologie und Spiritualität so vollkommen integriert waren und die beiden gerecht wurde. Daß Jesus im ganzen Kurs spürbar war, paßte zudem sehr gut zur Tatsache, daß ich ihn nun endlich auch in meinem Leben spürte und akzeptierte. Überdies erkannte ich, daß Helen und Bill die spirituelle Familie waren, nach der ich ebenfalls gesucht hatte. Wir wurden enge Freunde, und ich blieb in New York; auch in der medizinischen Fakultät arbeitete ich mit ihnen zusammen. Einen Großteil der Zeit in den ersten Jahren unserer Freundschaft verbrachten wir mit der sorgfältigen Durchsicht des Manuskriptes, wobei wir Interpunktion, Großschreibung und Einteilung in Absätze kontrollierten sowie Abschnitts- und Kapitelüberschriften einfügten. 1975 begegneten wir Judith Skutch, und 1976 erschien *Ein Kurs in Wundern* dank unserer gemeinsamen Bemühungen unter der Schirmherrschaft der *Foundation for Inner Peace*.

Gloria

Ich wurde als römisch-katholische Christin geboren und bin im New Yorker Stadtteil Bronx aufgewachsen. Als Kind war ich sehr religiös und wünschte mir nichts sehnlicher, als in ein Kloster zu gehen, aber das verriet ich niemandem. Am liebsten war ich in der Kirche, wenn keine Messe war; dann kniete oder saß ich am Marienaltar und ließ meinen Gefühlen freien Lauf. Maria war mir wie eine Mutter, und ich spürte stets, wie ihr Trost und ihre Liebe mich umgaben. Doch das änderte sich von Grund auf nach einem Jahr, das ich mit dreizehn Jahren mit meiner Mutter und Schwester in Italien verbrachte. Als ich von Kriegsopfern hörte, wie schrecklich sich der Zweite Weltkrieg auf die Menschen ausgewirkt hatte, kam ich zum Schluß, daß ich nichts mehr mit GOTT zu tun haben wolle, wenn er diese Welt nicht besser hatte erschaffen können. Was ist das bloß für ein GOTT, fragte ich mich.

Als ich wieder in Amerika war, suchte ich in meinem Dilemma bei Geistlichen Rat, aber die theologischen (und psychologischen) Erklärungen, die sie mir gaben, befriedigten mich nicht. Da kehrte ich GOTT und der Kirche den Rücken. Meine innere Leere schickte mich schließlich auf eine lange spirituelle Suche, bei der ich Hinduismus, Buddhismus und die Lehren der Rosenkreuzer kennenlernte. Obwohl ich in diesen und anderen Richtungen viel Interessantes und Hilfreiches fand, »fehlte« mir doch immer etwas, was ich mir nicht erklären konnte.

Unterdessen hatte ich mich zweimal unglücklich verheiratet und scheiden lassen, zwei Kinder bekommen und zweieinhalb Jahre lang im Iran gelebt und unterrichtet. Als ich wieder in den Staaten war, promovierte ich in Geschichte und unterrichtete über 17 Jahre lang, die meiste Zeit davon in einem Gymnasium in New York City. Die letzten vier Jahre war ich gleichzeitig Schülervorstand.

Auf Empfehlung eines Kollegen begab ich mich 1977 zu Pat Rodegast, die damals in Connecticut lebte und als Medium arbeitete. Ihr geistiger Führer Emmanuel gab mir außer vielen anderen nützlichen und hilfreichen Hinweisen den Rat, ins Wainwright House (ein New-Age-Veranstaltungshaus in Rye im Staate New York) zu gehen, weil ich dort finden würde, wonach ich mein Leben lang gesucht hätte. Damals wußte ich nicht einmal mehr, wonach ich eigentlich suchte, und war dementsprechend überrascht über diesen Rat. Ich hatte bisher auch noch nie etwas vom Wainwright House gehört, fand aber, da ich doch neugierig geworden war, heraus, wo es war, und nahm dort an einem Wochenendsymposium über Heilung teil.

In diesem Workshop ging es um *Ein Kurs in Wundern*. Am ersten Abend kehrte ich mit dem Werk nach Hause zurück und verschlang die ersten Kapitel des Textbuches förmlich. Zum ersten Mal seit vielen Jahren spürte ich, daß Jesus bei mir war. Schon auf den ersten Seiten des Textbuches konnte ich beinahe seine Stimme die Worte sagen hören. Als ich las, wie Jesus erklärte, GOTT habe die Welt nicht erschaffen, durchfuhr es mich wie ein Blitz. »Wieso bin ich nicht schon *darauf gekommen?*« dachte ich immer wieder. »Es ist so einfach; das ist die Antwort.« Endlich, nach 23 Jahren, war das Rätsel, das mein Denken so lange beschäftigt hatte, gelöst. Der Kurs hatte mir die Lösung gebracht, und ich brauchte GOTT nicht mehr für eine Welt verantwortlich zu machen, die ER nicht erschaffen hatte. Ich bezweifle jedoch, daß ich ohne die sanfte Autorität Jesu hinter den Aussagen des Kurses diesen Gedanken so bereitwillig aufgenommen hätte.

Dieses Erlebnis veränderte mein Leben. Wenig später organisierte ich eine Studiengruppe bei mir zu Hause, weil ich den Kurs mit anderen teilen wollte. Das trug theoretisch wie praktisch zur Vertiefung meines Verständnisses der Lehre des Kurses bei. Kenneth, den ich bereits ein Jahr zuvor bei einem Vortrag gehört hatte, lernte ich 1978 persönlich kennen, und 1981 heirateten wir. Zwei Jahre später, 1983, gründeten wir die *Foundation for A Course in Miracles*, und 1984 gab ich meinen Beruf als Lehrerin auf, um mich ganz der Foundation zu widmen und Vorträge über den Kurs zu halten.

Anfang 1986 setzte eine Reihe übersinnlicher Erfahrungen ein, die mir über ein inneres Hören und Sehen einen kurzen Einblick in die LIEBE und den Frieden im HIMMEL vor der Trennung gestatteten, aber auch den schmerzlichen Augenblick der Trennung und deren Folgen erleben ließen, die schließlich zur Entstehung des materiellen Universums führten. Diese Erfahrungen entsprachen auf sehr eindrückliche Weise meinem eigenen inneren Ringen, die vollkommene Vergebungslehre des Kurses ohne Widerstand gegen die Illusion in allen ihren Formen umzusetzen. Als ich einigen Freunden von dieser Erfahrung berichtete und sie kurz in Workshops erwähnte, stellte ich fest, daß sie sich trotz ihres sehr persönlichen Gehalts auch auf andere anwenden ließ. Es war, als werde die Schnittstelle zwischen der metaphysischen Sicht des Kurses und dessen praktischer Anwendung im Alltag auf diesem Hintergrund verständlicher.

Als Kenneth und ich später beschlossen, ein Buch über *Ein Kurs in Wundern* zu schreiben, schien es naheliegend, mit der Darstellung dieser tiefgreifenden Erfahrungen zu beginnen. Für mich waren sie ein Ausdruck der Wahrheit in ihrer ganzen Kraft, aber das trifft nicht unbedingt auf alle zu. Deshalb haben wir sie als Mythos dargestellt und hoffen, damit dem Leser zu einem persönlicheren Verständnis des abstrakten Denksystems des Kurses zu verhelfen. Wie bei jedem Mythos sind mythologische Figuren manchmal symbolische Hilfen für Sucher auf dem inneren Weg.

Die STIMME der Gruppe der LICHTWESEN, von der im Mythos die Rede ist und die an alle, die die Trennung für wirklich halten, appelliert, aus dem Traum zu erwachen, wurde für mich durch Jesus und Maria verkörpert. Sie werden im Mythos nicht namentlich erwähnt, da sie als konkrete Personen für andere nicht unbedingt notwendig sind. In meiner Vision hatten Jesus und Maria, obwohl sie sich zugleich mit der übrigen SOHNSCHAFT von GOTT getrennt hatten, nie an die Wirklichkeit des Traums geglaubt. Von Maria ist jedoch nirgends im Kurs die Rede. Ich erwähne das gleich zu Beginn, um heutige oder zukünftige Schüler von *Ein Kurs in Wundern* nicht zu verwirren. Diese Art und Weise, Jesus und Maria zu betrachten, ist in bezug auf die Botschaft der Gruppe der LICHTWESEN und das Thema dieses Buches unerheblich, auch wenn sie mir persönlich wichtig war.

Einleitung

In fast allen Weltreligionen wird die Entstehung der Welt und der Sinn unseres Hierseins in einer Geschichte oder einem Mythos beschrieben. Mythen sind seit je ein aufschlußreiches Mittel zum Ausdruck von Erfahrungen gewesen, die sich häufig jeder objektiven Beschreibung entziehen. Auch für den Kurs gibt es einen mythologischen Rahmen, der verständlich zu machen sucht, was wir nie vollkommen verstehen können.

Im Kurs wird berichtet, daß ein Teil des SOHNES GOTTES in den Schlaf fiel und – im Glauben, sein Wille könne sich dem WILLEN GOTTES widersetzen – träumte, er könne sich von seinem SCHÖPFER trennen und den Thron der Schöpfung an sich reißen. Die Wahrheit bleibt jedoch: »Du bist in GOTT zu Hause und träumst von der Verbannung, bist aber vollkommen in der Lage, zur Wirklichkeit zu erwachen« (T-10.I.2:1). Nur sind wir aus dem Traum der Rebellion noch nicht erwacht, der das kosmische Drama auslöste, welches im Hervorbringen des physischen Universums gipfelte. Außerdem erweisen wir uns ständig als unfähig, aus unseren Einzelträumen zu erwachen, und dieses Unvermögen zwingt uns, das »Drama« der Trennung in jeder einzelnen Phase des Weltentraumes, den wir träumen, zu wiederholen. Die Vergebung wird zum Mittel, das der HEILIGE GEIST, GOTTES ANTWORT auf die Trennung, verwendet, um das fehlerhafte Denken seines SOHNES zu berichtigen und die zerstückelte SOHNSCHAFT wiederzuvereinen.

Im vorliegenden Buch werden die Grundsätze von *Ein Kurs in Wundern* auf dem Hintergrund von Glorias Erlebnis behandelt, das weiter oben erwähnt wurde und den mythologischen Rahmen zum Kurs liefert. In diesem Mythos wird über die Erfahrung des Zustands vor und nach der Trennung, die psychologischen Gegebenheiten, die zum Hervorbringen der Welt führten, und das letztendliche Annehmen der Botschaft des HEILIGEN GEISTES, die die SOHNSCHAFT aus ihrem Traum der Trennung erweckt und sie wieder nach HAUSE geleitet, berichtet. Im ersten Kapitel stellen wir mythologisch dar, was wir dem Kurs zufolge aus unserem Bewußtsein ausgelöscht haben. In den folgenden Kapiteln werden die einzelnen Punkte besprochen, von denen der Mythos handelt und die den Kern des Kurses ausmachen.

1

Der Mythos

Der HIMMEL

Begeben Sie sich mit uns auf eine Entdeckungsreise, auf der wir uns erinnern werden, wer wir eigentlich sind. Lassen Sie sich in Ihren Geist versinken und aus der Zeit sowie aus dieser Welt in eine andere Dimension hineingleiten, deren wunderbare Herrlichkeit sich mit Worten nicht ausdrücken läßt. Dennoch müssen wir die Sprache verwenden, um die unbeschreibbare WIRKLICHKEIT hinter allen Worten wiederzugeben und uns die strahlende Abstraktion des HIMMELS geistig zu vergegenwärtigen, die durch unsere Welt der konkreten Einzeldinge ersetzt wurde.

In der Erinnerung kehren wir zu diesem Zustand der HEILIGKEIT zurück, wo am ANFANG, noch vor jeder Vorstellung von Anfang, GOTT weilt, der unsere QUELLE und die QUELLE der gesamten Schöpfung ist: eine Vollkommenheit und eine Pracht, deren Herrlichkeit sich jeglicher Beschreibung entzieht; eine so grenzenlose Liebe und Sanftheit, daß das Bewußtsein sie nicht einmal annähernd erfassen kann; eine uranfängliche Ruhe voll endloser Freude; ein bewegungsloser Fluß, dessen Fließen von nichts behindert wird; eine weite, endlose und allumfassende TOTALITÄT jenseits der Zeit, jenseits des Raumes, wo es keinen Anfang und kein Ende gibt, weil es nie eine Zeit gab oder einen Ort, an dem GOTT nicht wäre.

GOTT, unsere QUELLE, ist ALLES und teilt diese TOTALITÄT mit uns. Dieses Mit-uns-Teilen ist grenzenlos und hält nichts von dem zurück, was in Wahrheit ist. Daher haben wir als Teil unserer QUELLE an allen IHREN Eigenschaften teil und sind sogar IHRE Mitschöpfer.

Die Schöpfung ist abstrakt, formlos und unveränderlich wie der Geist. Ihr Wesen ist Einheit, *und ihre Erkenntnis das Innewerden,* daß der SCHÖPFER nirgends endet, die Schöpfung nirgendwo beginnt. Es gibt keine Grenzen, keine Unterscheidungen, keine Trennung. Dennoch beinhaltet diese Erkenntnis, daß wir nicht die QUELLE der Schöpfung sind, obschon wir EINS mit IHR sind und bleiben.

Kann der GEIST GOTTES einen Anfang haben? Kann der GEIST GOTTES enden? Kann ein GEDANKE, der zu diesem GEIST gehört, etwas anderes sein als dieser GEIST? Keinesfalls, da es im HIMMEL weder Subjekt noch Objekt gibt, weder Beobachter noch Beobachtetes. Es gibt keine Wahrnehmung, sondern nur die vollkommene Erkenntnis dessen, was wir sind: eine Herrlichkeit von solch geeinter Pracht, daß jede Vorstellung von innen und außen bedeutungslos ist.

Wir sind eine IDEE im GEISTE GOTTES, und diese IDEE ohne jede Grenze setzt sich aus einer unendlichen Anzahl von GEDANKEN zusammen. Alle diese GEDANKEN sind die SÖHNE GOTTES, und die geeinte IDEE – der CHRISTUS – *ist* der SOHN. Daher sind alle GEDANKEN GOTTES die Schöpfung, und da sich der GEIST ausdehnt, sind die unbegrenzten GEDANKEN, durch die der GEIST GOTTES sich ausdehnt, der CHRISTUS. Wir sind die formlosen GEDANKEN, die aus diesem gewaltigen GEIST pulsieren, doch sind diese GEDANKEN abstrakt und ohne Gegenstück in konkreten Formen dieser Welt. Als GEDANKEN im GEISTE GOTTES ahmen wir den Schöpfungsvorgang nach, und unsere Ausdehnungen sind unsere Schöpfungen.

Wir kennen unsere SCHÖPFER-QUELLE und sind von Dankbarkeit erfüllt, zu ALLEM zu gehören. Die Dankbarkeit ist ein immerwährender Gesang, den das Erschaffene seiner QUELLE in froher Dankbarkeit für die Erkenntnis seiner HEILIGKEIT als Teil der QUELLE singt. LIEBE ist das WESEN GOTTES, und die LIEBE fließt ohne Ende unablässig zwischen SCHÖPFER und Erschaffenem, unausgesetzt und ununterbrochen. SIE ist die QUELLE allen SEINS und ist selbst alles SEIN. Die LIEBE ist die URQUELLE GOTTES, der Kern der Seele und des GEISTES, aus dem die GROSSEN STRAHLEN voller Pracht mit allem leuchten, was zum HIMMELREICH gehört: Wahrheit, Freude, Einheit und Frieden.

Das ist die WIRKLICHKEIT und unser wahres Erbe als Kinder unserer QUELLE, DIE besagt: »Alles, was ich habe, ist euer.« In vollkommener Ruhe ist der SOHN in der Erkenntnis im GEIST zu Hause, der ihn geschaffen hat. Das ist die WIRKLICHKEIT, die GOTT begründete, ewig unwandelbar und ewig vollkommen. Das ist SEINE ewige Wahrheit: GOTT ist; SEINE SÖHNE sind eins mit IHM in vollkommener Liebe, Unschuld und in vollkommenem Frieden.

Der Abstieg in die Hölle

Plötzlich kam einem der SÖHNE GOTTES scheinbar aus dem Nichts ein Gedanke: »Könnte es ein Gegenteil dessen geben, was ist?« Ein Teil-SOHN und Teil von ALLEM wollte erleben, wie es wäre, ALLES, die QUELLE allen SEINS zu sein und unsere QUELLE zu verleugnen und zu ersetzen. Zu diesem

Gedanken gehörte die Begrenzung des Grenzenlosen, das Formen des Formlosen, das Konkretisieren des Abstrakten und das Erzeugen von Einzeldingen – kurz, die Zurückweisung unserer SCHÖPFER-QUELLE und der Schöpfung, die ER begründet hatte. Ein in der WIRKLICHKEIT undenkbarer Gedanke, der dennoch irgendwie ersonnen wurde.

Dieser Wahnwitz, diese winzig kleine Wahnidee – »Könnte es ein Gegenteil dessen geben, was ist?« – schoß einem Laserstrahl gleich oder wie ein ansteckender Virus durch die gesamte SOHNSCHAFT. Er war wie ein Donnerschlag, der die Stille des HIMMELS zerschlug und die SÖHNE GOTTES aus dem HIMMELREICH in eine Dimension der Dunkelheit und Leere zu schleudern schien. Es war, als hätte sich ein Stück des Geistes der SOHNSCHAFT wie eine dünne Zellophanschicht abgelöst, um ins Nichts zu entschwinden. Ein dissonanter Mißklang schwoll an zu einer Kakophonie:

»Ich habe ALLES zersprengt, weil ich meine eigene Selbsterschaffung in Gang gesetzt habe. Ich bin mein eigener Schöpfer, meine eigene Quelle geworden. Ich will konkret, von anderen unterschieden und besonders sein. Ich will die weite Grenzenlosigkeit begrenzen und das Formlose strukturieren. Ich will die Totalität der Liebe auslöschen und sie im Individuellen, Spezifischen und Konkreten einfangen.«

Sogar in dieser Leere blieb sich die SOHNSCHAFT dessen gewahr, daß wir dies in der WIRKLICHKEIT gar nicht vermochten, wenngleich wir *glauben* konnten, in einer anderen Dimension zu sein. Unter Anwendung der Macht unserer QUELLE glaubten wir, unsere QUELLE verleugnen zu können. Es war wie ein großes Experiment, eine andere Wirklichkeit zu erschaffen. Wohl wissend, daß dies im vollkommenen Zustand der LIEBE und HEILIGKEIT nicht durchführbar war, mußten wir das HIMMELREICH verlassen, um uns als Schöpfer auf den Thron zu setzen. Nur wenn wir uns von unserer QUELLE trennten, SIE verleugneten und uns dem Wesen der Liebe widersetzten, konnten wir glauben, dies vollbringen zu können. Als Ergebnis dieses Experiments sah es so aus, als läge der Schöpfung und der GOTTHEIT ein grundlegender Makel zugrunde, der GOTT machtlos und unvollkommen machte und die Schöpfung entarten ließ.

Als Bestandteil der SOHNSCHAFT erlebte ich diese Gedanken wie eine abwärtsgerichtete Spirale, deren Intensität in einem ungeheuren Crescendo stetig zunahm. Es war eine Empfindung blanken Schreckens und nackter Angst, des Verlustes und der Trauer, die sich, da nie zuvor erlebt, mit nichts vergleichen ließ. Die Sicherheit war weg, die Erkenntnis war dahin, und ich verstand nichts mehr. Was passierte? Wo war ich? Was war ich? Mir kam der Gedanke, diese Erfahrung der Leere – des Nicht-Seins, Nicht-Geistes – sei das andere, das Gegenteil unseres ZUHAUSES und der LIEBE. Die Einheit war für mich verschwunden. Wo alles eins gewesen war, tauchten nun undurchsichtige Formen auf, und ich nahm viele getrennte Teil-SÖHNE GOTTES wahr.

Drei Gruppen

Es schienen sich drei Gruppen undurchsichtiger Gedankenformen zu bilden: einmal eine Gruppe von LICHTWESEN als Manifestation des HEILIGEN GEISTES GOTTES, dann eine dunkle Gruppe, die den ursprünglichen Trennungsgedanken in sich trug und sich mit diesem identifizierte, und schließlich eine mittlere Gruppe irgendwo zwischen diesen beiden. Die nun getrennten, einzelnen Bestandteile der

SOHNSCHAFT schienen aus irgendeinem Grund wie magnetisch zu einer dieser drei Gruppen hingezogen zu werden. Ich befand mich in der mittleren Gruppe wieder.

Die Unwissenheit hatte mich infiziert, und mit dem Verlust der totalen Erkenntnis glaubte ich jetzt, der Trennungsgedanke könne sehr wohl verwirklicht werden. Der Schock des Übergangs vom HIMMEL in die Leere löste ein ungeheures Maß an Schmerz, Angst und Vergessen aus.

»Wer ist für diese Wahnideen verantwortlich?« rief ich aus. »Wie bin ich hierhergekommen?«

Statt einer Antwort hörte ich ein lautes, spöttisches Gelächter und erkannte sogleich die dunkle Gruppe. Der Urgedanke, der jetzt auch in undurchsichtiger Form erschien, hatte sich mit anderen Bestandteilen der SOHNSCHAFT verbunden. Diese Gedankenformen schienen nun zu denken:

»Wir haben das Unmögliche und Undenkbare vollbracht: die Selbsterschaffung! Wir haben etwas geboren, das völlig von der WIRKLICHKEIT getrennt ist. Wir haben GOTTES Macht usurpiert, sie an uns gerissen und uns nach unserem eigenen Ebenbild hervorgebracht. Jetzt sind *wir* Götter: Wir erschaffen selbst und haben auch uns selbst erschaffen. Unser Experiment ist gelungen. Außerdem wissen wir, daß unsere QUELLE uns nicht hindern kann, weil SIE alle Macht mit uns teilt. Wir haben erreicht, was wir wollten, und uns vom HIMMELREICH gelöst. GOTT kann nicht ALLES sein, weil ER es nicht verhindern kann, daß sich ein Teil von IHM trennt. Wir haben der URSACHE IHRE WIRKUNGEN und IHM damit SEINE EIGENE Existenz verweigert. Wir haben GOTT ausgelöscht!«

Blankes Entsetzen packte mich, und ich rief ihnen zu: »Ihr seid alle verrückt. Es ist unmöglich, unsere QUELLE zu verleugnen.«

Doch sie gaben zurück: »Natürlich können wir das. Unsere QUELLE hindert uns nicht daran. Sieh nur: Das Experiment ist ja gelungen!«

Ich war verwirrt und wie vor den Kopf gestoßen: »Wie kann ein Teil-SOHN glauben, daß er seine QUELLE verleugnen kann? Wollen sie GOTT so lange versuchen, bis ER ihnen Einhalt gebietet?« In meinem Entsetzen erschien mir ihre Prahlerei als wahr, aber in einem anderen Teil meines Geistes wußte ich, daß das unmöglich war. Mir erschien etwas als wirklich, was nicht wirklich sein konnte, und war mir unverständlich. Ganz offensichtlich war ihnen das HIMMELREICH egal, da sie nur einen Gedanken hatten: die totale Opposition gegen die Wahrheit; sie wollten in einer Dimension existieren, die im Gegensatz zum HIMMEL und zu GOTT stand.

Völlig verzweifelt und verstört schaute ich mich nach Hilfe um und sah ein helles LICHT von etwas ausgehen, das aussah wie weitere Gedankenformen. Ich ging auf diese LICHTgruppe zu und bat um Hilfe und Verständnis. In der LIEBE, die mich umgab, verspürte ich die ruhige Sicherheit, die von diesen großen WESEN ausging; sie waren zwar jener winzig kleinen Wahnidee gewahr, davon jedoch nicht angesteckt worden, weil sie die Erinnerung an ihre liebende QUELLE nie verloren hatten. Es war, als hätte sich ein anhaltender Lichtstrahl des HIMMELS mit ihnen abgelöst, der es ihnen ermöglichte, ständig LIEBE auszustrahlen. Eine sanfte STIMME aus diesen strahlenden Gedankenformen sagte zu mir:

»Hab keine Angst. Erinnere dich, woher du kommst und wer du bist. Diese törichten Gedanken von Machtergreifung, Rebellion und Begrenzung, die deinen Frieden und deine Freude zertrümmert haben, können dich nicht berühren, wenn du das reine Gewahrsein unserer QUELLE beibehältst. Du erlebst nur eine Geistestäuschung, die in der WIRKLICHKEIT keinerlei reale Folgen haben kann.«

Aber ich erwiderte: »Warum fühle ich mich dann so hilflos und verlassen, als habe man mir etwas weggenommen, bin völlig durcheinander, verwirrt und leide?«

»Erinnere dich«, sagte die STIMME, »denk an deine erste Reaktion auf diese winzig kleine Wahnidee, es könnte vielleicht ein Gegenteil zum HIMMEL geben, zurück.«

Ich kam kaum gegen meinen Widerstand gegen diese Erinnerung an, und zu meinem größten Entsetzen wurde mir klar, daß meine allererste Reaktion darauf gewesen war: »Das ist ja interessant, ich bin neugierig, wie das wohl wäre?«

Es wurde mir übel beim Gedanken, daß ich – wenn auch nur den Bruchteil einer Sekunde lang – die Möglichkeit erwogen hatte, es könnte etwas anderes als den HIMMEL geben und damit zugelassen hatte, daß dieser Gedanke mich mit ansteckte. Die liebevolle STIMME der LICHTWESEN erklärte mir:

»Das ist der Grund für deinen Schmerz und deine Verwirrung. Ein Teil deines Geistes, der diesen Gedanken erwog, verspürt nun dessen Folgen. Das ist alles. Sonst ist nichts passiert. Dieser Gedanke und seine Wirkungen kommen dir ganz wirklich vor; dein wahrer Seinszustand als reiner Geist jedoch, der eins mit GOTT ist, ist deine *einzige* WIRKLICHKEIT. Ein Teil deines Geistes glaubt, er erlebe die Nicht-Wirklichkeit, einen Zustand namens Bewußtsein, in dem er Gegenteile und die Dualität im Gegensatz zur Einheit des HIMMELS wahrnimmt.«

»Wie ist das denn möglich?« rief ich aus.

»In Wahrheit gar nicht«, antworteten sie. »Halte deinen Geist nur auf die Erinnerung an die Wahrheit gerichtet. Halte nur am Gedanken an unsere QUELLE fest.«

Doch ungeduldig warf ich ein:

»Wir müssen etwas tun. Wir können doch nicht einfach zulassen, daß das so weitergeht! Wir müssen diesem Trennungsgedanken und allen seinen Folgen Einhalt gebieten und ihn ausmerzen.«

Ich war starr vor Angst. Unter Qualen nahm ich eine geistige Bestandsaufnahme vor; ich begriff, daß ich infolge der Entstehung des sogenannten Bewußtseins nun dual wahrnahm, und diese Dualität war zum Geisteszustand der mittleren Gruppe geworden, zu welcher ich gehörte. Angst, die ich wie den Knall beim Durchbrechen der Schallgrenze erlebt hatte, war das erste Gefühl, das ich empfand, als ich glaubte, ich hätte mich von meiner QUELLE getrennt und die LIEBE – das Gefühl des HIMMELS – verleugnet. Dann folgte die Wahrnehmung des scheinbaren Zerschlagens der Einheit, die sich in viele Formen aufsplitterte. Meine Angst wurde noch größer, und ich konnte die besänftigenden Zusicherungen der LICHTWESEN nicht annehmen. Die Empfindung von Schuld, Angst und Schrecken war zu stark. Plötzlich hörte ich in meinem gequälten Geist das verächtliche Gelächter der dunklen Gruppe wieder. Ich wandte ihr meine Aufmerksamkeit erneut zu und hörte sie sagen:

»Wie kannst du auf sie hören? Du weißt, was du empfindest. Sie verstehen das nicht. Sieh nur, wir wollen dir zeigen, welche Macht wir haben.«

Wieder wandte ich mich der Gruppe der LICHTWESEN zu und schrie ihnen verzweifelt zu, während ich immer weiter in die Dunkelheit abglitt:

»Wißt ihr denn nicht, was sie vorhaben und tun wollen? Wie könnt ihr dastehen und einfach nichts tun? Kümmert es euch denn gar nicht? Was sie tun, ist unverzeihlich, und ebenso unverzeihlich ist, daß ihr das zulaßt.«

Mit HIMMLISCHER Ruhe erwiderten die LICHTWESEN:

»Widersetze dich nicht. Mache sie nicht dafür verantwortlich, und glaube nicht, was du hörst. Du weißt, daß die LIEBE – unser wahrer Zustand – sich niemals widersetzen kann. Die LIEBE *ist* einfach, und sie kann kein Gegenteil haben. Was aussieht wie ein Gegenteil, ist unwirklich und daher wahnsinnig. Glaube nicht an etwas, das nicht existiert.«

Außer mir, schaute ich mich um und sah, daß andere genauso wie ich völlig entsetzt und hilflos waren. Meine Gedanken flogen ihnen zu, und ihr schmerzliches Los verstärkte mein eigenes. Wieder wandte ich mich der Gruppe der LICHTWESEN zu und flehte sie an:

»Bitte kommt mit uns. Wir wollen alle zusammen den Dunklen Einhalt gebieten, um diesem Zustand der Trennung zu entfliehen und zu unserer QUELLE und unserem SCHÖPFER zurückzukehren. In SEINEM heiligen NAMEN bitte ich euch inständig, mit uns gegen die Dunklen vorzugehen.«

Doch achtunggebietend erklang ihre liebevolle STIMME:

»Bedenke dies: Wenn du dich diesen Gedanken widersetzt, trennst du dich von der SOHNSCHAFT und machst die Trennung in deinem Geist wirklich, ganz abgesehen von der Schuld, die du empfindest, weil du ihnen anfänglich Interesse entgegenbrachtest. Wenn du ihnen diese Macht verleihst, glaubst du unweigerlich, ihr Wahnsinn könne verwirklicht werden. *Entbehrten diese Gedanken tatsächlich jeder Wirklichkeit für dich, würde es dir nicht einfallen, dich ihnen zu widersetzen.* Wenn du ihnen in deinem Geist Wirklichkeit verleihst, wirst du es nicht vermeiden können, an ihren unvermeidlichen Folgen beteiligt zu sein. Denk daran: Du bist eins mit unserer QUELLE, und alles, was SEIN ist, ist dein.«

Ich erwog diese Gedanken und bemühte mich um innere Klarheit; da umgab und verschlang mich das Chaos und zog mich in einem abwärtsgerichteten Strudel von Angst, Schrecken und Selbsthaß hinab. Ich nahm wahr, daß andere diese Spirale der Angst und Schuld mit mir hinabstürzten, und rief denen, die genauso verwirrt waren wie ich, in dieser dunklen Leere völlig aufgelöst zu:

»Wir wollen uns zusammentun. Wir wissen jetzt, daß die LICHTWESEN aus Gründen, die ich nicht verstehe, uns nicht helfen. Wir müssen alleine handeln. Gemeinsam wollen wir uns den dunklen Wesen widersetzen und ihre bösen Absichten gegen das HIMMELREICH und unseren SCHÖPFER vereiteln. Wir können die Dunklen auf unsere eigene Weise besiegen.«

Damit bildeten sich die Schlachtreihen. Ich schloß mich mit anderen zusammen, und gemeinsam führten wir diese mittlere Gruppe an, die in die unberührte Ruhe des HIMMELS zurückkehren wollte. Es war mir noch nicht klar geworden, daß ich mit denen, die mir folgten, in die Falle einer Unwirklichkeit gegangen war, die den wahren GOTT verleugnete und zu einem weiteren Abstieg in die Hölle führte, weil ich den LICHTWESEN den Rücken gekehrt hatte.

Die Entstehung der Welt: die ersten Offiziere GOTTES

Wie gesagt, waren nun drei verschiedene Gruppen entstanden: die LICHTWESEN, die sich nicht mit uns zum Widerstand zusammengeschlossen hatten; die dunklen Wesen, die in der Macht schwelgten, die sie ihrer QUELLE entrissen hatten; und die mittlere Gruppe, die es übernommen hatte, GOTT zu verteidigen und die Dunklen zu besiegen.

Nun begriff ich, daß sich mein Geist im Unterschied zu den anderen beiden Gruppen gespalten hatte. Die dunkle Gruppe hatte nur eins im Sinn: das Experiment durchzuführen und GOTT zu ersetzen. Die LICHTgruppe behielt einzig die Erinnerung an GOTTES LIEBE bei und erkannte, daß alles andere reine Phantasie war. Als Mitglied der mittleren Gruppe steckte ich nun in einem paradoxen Dilemma. Einerseits erkannte ich, wie wahr der Geisteszustand der LICHTgruppe war, andererseits konnte ich mich der panischen Angst vor den Machenschaften der dunklen Gruppe nicht entziehen. Dieser ungeheure Konflikt riß mich entzwei, und blankes Entsetzen bemächtigte sich meines Geistes.

Wenn ich jetzt darüber nachdenke, sehe ich ein, daß ich in ein selbstgemachtes Höllenloch gefallen war, weil ich mich selbst zu GOTTES erstem Offizier im Kampf gegen die Mächte der Dunkelheit ernannt hatte. Dadurch, daß ich mich zur Wortführerin GOTTES gemacht hatte, um IHN und SEIN REICH zu verteidigen, hatte ich mich noch tiefer in die Trennung gestürzt. Rückblickend weiß ich, daß GOTT keiner Verteidigung bedarf, ebensowenig wie SEIN REICH. Die Wahrheit *ist*, und was als etwas erscheint, was nicht ist, ist nur eine Geistestäuschung. Aber damals begriff ich nicht, wie sehr mein Geist der Macht von Illusionen anheimgefallen war. Das Vorhaben der dunklen Gruppe beschäftigte mich, denn mir war klar, daß sie das Gegenteil des HIMMELS machen wollte, eine Welt, die auf dem Tod des lebendigen GOTTES aufbaute. Und ohne es zu wollen, war ich ihr gerade dabei behilflich.

Als die dunkle Gruppe sich weiterhin an ihrem »Triumph« ergötzte, bäumte sich mein von Angst getriebener Geist in zornigem Protest und Widerstand gegen sie auf. Sie aber fuhr einfach mit ihrem verächtlichen, herausfordernden Gelächter fort:

»Du hast noch immer nicht verstanden, wie mächtig wir sind. Wir werden das Unendliche endlich, das Grenzenlose begrenzt und das Abstrakte konkret machen.«

Daraufhin projizierten sie den Gedanken ihres großen Experiments aus ihrem Geist nach außen, und unverzüglich riefen wir unsere Mitstreiter zusammen, um einen Lichtgedanken als Gegengewicht zum Gedanken der Dunkelheit abzusenden. Als das geschah, wohnte ich der Entstehung des Kosmos wie bei einem Urknall bei. Ich war sprachlos. Das »Licht«, das wir wie beim Zusammenstoß zweier Titanen gegen die Dunkelheit abgesandt hatten, war jetzt als Reihe von Lichtern in die Dunkelheit eingebaut worden – die wir heute Sterne und Planeten nennen.

Die Worte der LICHTWESEN fielen mir wieder ein, und wie wahr sie waren, durchfuhr mich bis ins Innerste:

»Widersetze dich nicht ... Wenn du dich diesen Gedanken widersetzt, verleihst du ihnen Wirklichkeit in deinem Geist ... kannst den darauffolgenden Wirkungen nicht entgehen und wirst es nicht verhindern können, an ihren unvermeidlichen Folgen beteiligt zu sein.«

In diesem Augenblick dämmerte die Erleuchtung meinem Geist, und die volle Wahrheit ging mir auf. Es ist unmöglich, in Worten auszudrücken, wie abgrundtief und qualvoll meine Traurigkeit darüber war. Es wurde mir schmerzlich bewußt, welch tragischen Fehler ich begangen hatte. Ich war zutiefst betrübt, denn ich hatte meinen Fehler der Abkehr von der LIEBE nur noch verschlimmert: zuerst, weil ich es für den Bruchteil einer Sekunde lang für möglich gehalten hatte, es könne etwas Entgegengesetztes zum HIMMEL geben, und dann, weil ich mich selbst zur Hüterin der Wahrheit ernannt hatte, wenngleich auf der Basis einer Lüge. Nun sah ich, daß gerade mein »heiliges« Vorhaben – GOTT zu verteidigen – IHN verleugnete, DEN zu ehren und hochzuhalten ich mich bemühte. Nun ging mir auf, daß das tatsächlich der Verleugnung der Erkenntnis gleichkam und daß ich der hypnotischen Anziehungskraft der Unwissenheit in die Arme gelaufen war.

Als mein Geist nun Zeuge der Entstehung des Kosmos wurde, versuchte ich mit aller Dringlichkeit dem Widerstand der mittleren Gruppe gegen die selbsternannten Mächte Einhalt zu gebieten, die nur darauf erpicht waren, GOTT anzugreifen und eine Welt zu machen, die das Gegenteil des HIMMELS war. Ich hob die Arme und rief:

»Hört auf mich. Die großen LICHTWESEN hatten recht. Wir haben den Irrtum im Denken der Dunklen dadurch wahr gemacht, daß wir daran glaubten und uns ihrem Vorhaben widersetzten. Wir können uns ihnen nicht widersetzen, weil unser wahres Wesen LIEBE ist und weil die LIEBE weder verurteilt noch sich widersetzt. Außerdem würden wir nur uns selbst angreifen, wenn wir sie angreifen, weil sie ja auch zur SOHNSCHAFT gehören. Wir müssen dieses Schlachtfeld unverzüglich verlassen. Kommt bitte mit mir. Diesmal will ich euch nicht in die Irre führen. Ich flehe euch an, kehrt diesem Wahnsinn den Rücken, bevor ihr hoffnungslos in dieser verrückten Verblendung versinkt.«

Doch es war zu spät. Viele, die zur mittleren Gruppe gehörten, waren der Machtwelt der Opposition bereits anheimgefallen und antworteten:

»Laß uns. Weißt du nicht, daß wir für die Sache GOTTES und SEINE Gerechtigkeit kämpfen? Wir sind die wahren Söhne des Lichts, weil wir uns im Gegensatz zu dir und deinen Begleitern darum kümmern. Wir werden alle Kräfte, die wir von GOTT bekommen haben, dazu verwenden, die Mächte des Bösen zu besiegen.«

Doch noch einmal flehte ich sie an:

»Seht ihr denn nicht, was geschieht? Die dunkle Gruppe braucht einen Widerstand gegen *ihre* Oppositionsgedanken gegen GOTT, und genau den liefern wir ihnen. Wenn wir uns ihnen nicht widersetzen, haben ihre Gedanken keine Wirkung und lösen sich in nichts auf. Wenn wir uns jedoch widersetzen, wie wir es bis jetzt getan haben, wird es dazu führen, daß *nichts* zu *etwas* wird. Die winzig kleine Wahnidee der Trennung von unserer QUELLE und voneinander wird sich auf immer und ewig in unserem Geist festsetzen. Hört bitte auf mich, die ich gefallen bin, meinen Fehler jedoch eingesehen habe. Im Namen des lebendigen GOTTES und CHRISTI, der ihr selber seid, bitte ich euch inständigst, euren Widerstand aufzugeben.«

Manche waren von meinen Worten berührt, und sie gingen mit mir auf die LICHTWESEN zu. Viele aber blieben und ergötzten sich an ihrer neugefundenen Macht. Ohne Hoffnung, sie davon abhalten zu können, sich wie verrückt in eine selbstgemachte Hölle zu stürzen, wohnten wir der Fehl-Erschaffung der physischen Welt in einem gegenläufigen Rhythmus bei. Jedes Mal, wenn die dunklen Mächte einen Gedanken projizierten, sandte die mittlere Gruppe eine Gegenprojektion ab, weil sie in ihrer Unwissenheit glaubte, die totale Verleugnung GOTTES habe bereits stattgefunden. In diesem Konflikt und diesem Gegensatz wurde die gesamte materielle Welt Schritt für Schritt aufgebaut: zuerst der große Rahmen des Kosmos, gefolgt vom Mineral-, Pflanzen- und Tierreich, also allen sogenannten Lebensformen überall im Universum.

Bei jeder Projektion, die von den beiden gegeneinander kämpfenden Gruppen ausging, sah ich, wie die Macht eines jeden Teilgeistes abnahm. Das mußte sie auch, weil das Hervorbringen der Welt das Gegenteil des HIMMELS war, in dem die Macht nie abnimmt. Erst als der gesamte

Vorgang sich seinem Ende näherte, merkten beide Gruppen, daß ihre Macht in den von ihnen hervorgebrachten Formen steckenblieb. Die mittlere Gruppe bemerkte dieses Phänomen zuerst. Als sie sah, daß die Macht der dunklen Gruppe beinahe versiegt war, wollte sie ein Wesen hervorbringen, in das sie sich hineinprojizieren konnte, um damit die Herrschaft über alles Gemachte zu erlangen. Dieses Wesen, ein sogenanntes fühlendes Wesen in einem dichten materiellen Körper – das sich selbst auf diesem Planeten zum Homo sapiens (der dieser Bezeichnung kaum gerecht wird) ernannte –, war der krönende Abschluß und letzte Versuch der mittleren Gruppe, der dunklen Gruppe die Initiative zu entreißen. Als Reaktion projizierte auch die dunkle Gruppe den Rest ihrer Macht in diese fühlenden Wesen. Zum ersten und einzigen Mal war hier der rhythmische Verlauf zwischen Stimme und Gegenstimme umgekehrt, denn hier hatte die mittlere Gruppe die Initiative im gewaltigen Vorhaben der Fehlschöpfung übernommen.

Wir sahen zu, wie das ungeheure Experiment der dunklen Gruppe durchgeführt wurde. Sie hatte gelernt, daß Konflikt das Gegenteil zur Einheit des HIMMELS ist, und daher war Opposition die Zutat, die ihrem Experiment Form geben und materiell Zeugnis von seiner Vollendung ablegen würde. Ihre Strategie war die, sich die Unwissenheit der mittleren Gruppe von dem, was wirklich geschah, zunutze zu machen, indem sie ihr Spiel mit deren Angst, Ärger und Machthunger trieb und sie zur Opposition anstachelte. Das war die erste Verführung: Die mittlere Gruppe ging in die Falle und glaubte, daß sie sich nur den Dunklen, die sie als außerhalb von sich wahrnahm, zu widersetzen und sie zu besiegen brauchte, um sich der Verantwortung entziehen zu können, sich der Dunkelheit ihres eigenen Trennungsdenkens, das nichts als Unwissenheit war, zu stellen. Ich sah ganz klar, daß sie voller Arroganz die Macht ihres Geistes unter dem selbstgerechten Deckmantel der Liebe und Wahrheit zum Hassen verwendete. Und ich wußte, daß sie verloren war.

So entstand eine Welt der Gegensätze aus der Opposition und dem Zusammenstoß der mittleren und der dunklen Gruppe, eine materielle Welt der Dichte, des Konflikts und des Hasses. In Wirklichkeit war es ein Zusammenstoß von nichts mit nichts – eines projizierten Trennungsgedankens, der sich einem anderen projizierten Trennungsgedanken widersetzte –, der die Welt erzeugte.

Diesem entstellten Bereich der Wahrnehmung, der das materielle Universum ausmacht, lag die Zeit als Mechanismus zugrunde, der zur letztendlichen Zerstörung des SOHNES GOTTES und aller Dinge, die er gemacht hatte, zu führen schien. Da mit dem Hervorbringen der Welt und des Körpers das Gegenteil der LIEBE beabsichtigt war, schien ein derart massiver und intensiver Selbsthaß zu entstehen, daß kein Teil der infizierten SOHNSCHAFT der Totalität dieses Selbsthasses ohne die intensivste Angst ins Auge schauen konnte. Somit wurde das Gewahrsein dieses intensiven Selbsthasses aus dem Bewußtsein ausgelöscht. Dennoch steuerte dieser Selbsthaß – diese Schuld – unbewußt die Vielfalt der Tragödien, die jedes zum Ganzen gehörende Einzelwesen im Laufe seiner scheinbar unendlichen Zyklen von Geburt, Tod und Wiedergeburt erleben würde.

Die Auffassung einer räumlichen Dualität – von Subjekt und Objekt – setzte unverzüglich nach der Trennung ein, während die Illusion der Dimension der Zeit erst erzeugt wurde, um die Idee der Zerstörbarkeit glaubhaft zu machen. Sie schien das scheinbar endlos wiederholte Abspulen aller Formen und Gestalten des Selbsthasses oder der Schuld der Teil-SÖHNE, die in einem wahnhaften Geisteszustand feststeckten, unauslöschlich zu besiegeln. Wir haben die Zeit erfunden, um unser Bewußtsein hier anzusiedeln und die Dinge so erscheinen zu lassen, als sei die Trennung tatsächlich zustande gekommen. Daher konnte sich die dunkle Gruppe nun brüsten: »Gott kann das, was ER erschaffen hat, nicht zerstören, wir aber können das zerstören, was wir gemacht haben. Deshalb sind wir größer als GOTT. GOTT lebt nicht mehr, und wir sind die souveränen Herrscher!«

In dem Stadium der Weisheit, das ich erlangt hatte, konnte ich die unvermeidlichen Folgen dessen wahrnehmen, was quer durch die ganze Ausdehnung der Dimension hindurch, die wir Zeit nennen, geschehen war. Mit einer Stimme, in der prophetisch das Leid aller Zeitalter mitschwang, stellte ich traurig fest:

»Euch, meinen Gefährten, die ihr mutwillig beschlossen habt, eure QUELLE zu verleugnen und die Macht zu mißbrauchen, die ER mit euch geteilt hat, ist es schicksalhaft beschieden, ohne Erkenntnis in illusionären Alpträumen herumzuirren und das Wahre nie vom Falschen unterscheiden zu können. Immer wird es so aussehen, als käme der Haß von außen, wo er doch in eurem eigenen Geist ist. Daher werdet ihr in Hirngespinsten chaotischen Hasses weilen, in einen bodenlosen Abgrund des Verderbens verdammt, bis ihr euch anders besinnt.

Und ihr, meine Gefährten, die ihr lieber den Rat der LICHTWESEN mißachten und euren Irrsinn fortführen wolltet, werdet endlos Konflikt, Schmerz, Leid und Verlust erleiden. Erst, wenn ihr akzeptieren könnt, daß ihr euch geirrt habt, und einseht, daß Dunkelheit und Trennung im Inneren sind, wird eure Arroganz verschwinden. Wenn ihr endlich eure selbstverkündete und selbstgerechte Rolle als erste Offiziere GOTTES aufgebt, werdet ihr aus eurem ziellosen Umherirren in dieser Nicht-Wirklichkeit, die ihr Welt nennt, befreit sein.«

Die Falle der Unwürdigkeit

Ich liebte beide Gruppen und konnte den Wahnsinn, der aufgetreten war, deutlich erkennen, während ich mich mit meinen Gefährten, die ebenfalls aus der mittleren Gruppe weggegangen waren, auf den Weg zu den LICHTWESEN machte. Endlich waren wir frei! Wie magnetisch wurden wir immer stärker zur Gruppe der LICHTWESEN hingezogen. Diese großen LICHTWESEN öffneten ihre Arme voller LIEBE, um uns aufzunehmen, und der Glanz dieser LIEBE rief die Erinnerung an unsere strahlende QUELLE wach. Unermeßliches Glück und große Freude umfingen uns, und auch wir streckten die Arme aus, um schneller zu ihnen zu gelangen.

Doch plötzlich überfielen mich gewaltige Wogen der Unwürdigkeit aus dem Nichts. Es war unbegreiflich. Mein Selbsthaß um dessentwillen, was ich getan zu haben glaubte, stieg in mir hoch und machte es mir unmöglich, die LIEBE anzunehmen, die ich meiner Ansicht nach verlassen und abgeleugnet hatte. Je mehr LIEBE der LICHTWESEN ich mir zu empfinden zugestand, desto größer wurde meine Selbstverachtung. Hätte ich nur diesen flüchtigen Gedanken nicht gehabt: »Das ist ja interessant, ich bin neugierig, wie das wohl wäre.« Hätte ich doch nur das vollkommene Gewahrsein dessen, wer ich war, nicht verloren! Hätte ich nur nicht zugelassen, daß mein Geist in der weiten Wüste des Schlafes und Unwissens, der Schuld und des Urteils herumirrte! Hätte ich, hätte ich, hätte ich – meine Selbstbeschuldigungen wollten kein Ende nehmen.

Infolge dieser Schuld löste ich mich von den LICHTWESEN und empfand mich nun als ein allen drei Gruppen entfremdetes Nicht-Wesen. Wieder litt ich unerträgliche Schmerzen. Voller Verzweiflung dachte ich: »Woher kommt das bloß? Wer ist schuld daran?« Und unverzüglich suchte ich jemanden, dem ich die Schuld in die Schuhe schieben konnte. Ich wirbelte herum und sah wieder voller Entsetzen das physische Universum, das Ergebnis jenes großen Konflikts, den ich nun nicht mehr in mir sah. Ich wandte mich zu den LICHTWESEN um und rief ihnen zu:

»Nur daß ihr es wißt: Seht diese Dunkelheit und Ungerechtigkeit, zu der so viele verdammt, in der so viele gefangen sind!«

Ich war völlig hilflos. Es war, als hätte ein Blitz mein Bewußtsein von den LICHTWESEN weggeschleudert. In diesem Augenblick sah ich im Geist all das Grauen, dessen ich mich immer noch als Mitbeteiligte anklagte. Als ich aus diesem Geisteszustand außerhalb der Zeit auf das Schlachtfeld der Welt unter mir blickte, entstand das dringende Gefühl in mir, ich müsse sühnen und die Verwüstung, für die ich mich verantwortlich fühlte, wiedergutmachen. Wie aber konnte ich dies in dieser amorphen Form tun, die die weltliche Tragödie nur aus einem Teil meines Geistes über dem raumzeitlichen Schauplatz betrachtete? Da faßte ich den Entschluß, alles zu tun, ungeachtet der damit verbundenen Leiden und Opfer, um mich in diesen Traum mit allen seinen vielfältigen Folgen zu begeben und die Botschaft dessen zu verkünden, was ich aus trauriger Erfahrung gelernt hatte. Ich würde in meinen Brüdern und Schwestern, die alle Teile des SOHNES waren, die Erinnerung an jenen wahnsinnigen Gedanken der Trennung und der Opposition wachrufen, den sie inzwischen ausgelöscht hatten. Ich ging davon aus, dabei eine noch ältere Erinnerung an jenen unberührten Urzustand, der einst gewesen war, aufrechterhalten zu können, bevor die Wahnidee diese riesige Verseuchung auslöste.

Als ich diesen Entschluß gefaßt hatte, tauchte meine undurchsichtige Gedankenform in alle Dimensionen des Alptraums ein, als wäre ein Teil von mir in Tausende von Stücken zersprungen; es war wie ein riesiger Schock, als sei ein elektrischer Strahl explodiert und durch mein Innerstes gezuckt. Der Schmerz war unerträglich, bis tiefes Vergessen mich umfing. In einem anderen Teil meines Geistes begriff ich, daß es sich bei diesen Tausenden von Stücken, die nun vom Alptraum umgeben waren, um Bilder handelte, die ich von mir selbst gemacht hatte. Sie schienen eine Reihe von Tragödien in unzähligen Inkarnationen zu sein – verschiedene Seiten meiner Schreckens-, Schmerz-, Schuld- und Angstreaktionen –, die jedoch eigentlich gleichzeitig in nur einem Augenblick geschahen.

Alle körperlichen Formen, in denen sich mein Selbsthaß äußerte, traten deutlich hervor. Es ging dabei stets hauptsächlich um irgendeine Form der Identifikation mit dem Körper, der das Opfer der Welt und ihrer Bewohner war, sei es derer, die sie zu verdammen oder derer, die sie – wie ich – zu retten suchten. Auch der Grund dafür ging mir auf: In einer Welt der Dualität von Subjekt und Objekt braucht der Selbsthaß ein Objekt, um sich darauf zu projizieren und sich dem Schmerz seiner eigenen Schuld nicht stellen zu müssen. Diese Projektion des Selbsthasses, der sich als Unschuld verkleidete, war der Erlösungsweg, den ich als Ersatz für die wahre Erlösung gewählt hatte, die die LICHTWESEN mir angeboten hatten. Besonders schmerzte mich dabei das Wissen darum, daß das, was ich nun vor mir sah, bereits vergangen war. Dennoch erfüllte mich die seltsame Überzeugung, mein Weg zur Wiedervereinigung und Ganzheit sei der, meinen Geist von hoch oben systematisch jede schmerzliche Begebenheit dieser andauernden Leidensgeschichte – in mir und anderen – noch einmal erleben zu lassen, als könne ich durch einen solchen Opfergang sämtliche Einzelteile des Bildes, das ich von mir gemacht hatte, eines nach dem anderen wieder in die Ganzheit zurückholen.

Die Heimkehr

Obwohl ich mich nun vollends auf die Welt eingelassen hatte, war ich mir – manchmal schwach, manchmal deutlich – bewußt, daß ein Licht in einer Ecke meines Geistes bei mir geblieben war und die Form einer STIMME angenommen hatte. Es war die STIMME des HEILIGEN GEISTES, die mich stets tröstete und mir versicherte, daß das, was anscheinend gerade jetzt geschah, eigentlich nie geschehen war und daß die scheinbare Trennung in Wirklichkeit *bereits* vorbei war. Zu diesen Zeiten war der HEILIGE GEIST wie ein lindernder Balsam, der den Schmerz in meinem Geist stillte. Über ganze Zeitalter hinweg, so schien es, erklang diese sanfte, liebevolle STIMME ununterbrochen und rief mir geduldig immer wieder zu, es gebe einen besseren Weg, wieder ganz zu werden, als den von mir gewählten. Diese STIMME der WEISHEIT sagte mir:

»Mein liebstes Kind, es ist nicht nötig, für deine Schuld zu sühnen, indem du dir solches Leid zufügst. Nimm den Gedanken in deinem allerheiligsten Geist an, daß alles, was du wahrnimmst, eine Illusion ist, die vorbei und abgeschlossen ist und von unserer liebenden QUELLE aufgehoben wurde. Laß mich diese Alptraumfolgen hinwegleuchten und die Erinnerung an unseren liebenden SCHÖPFER, DEN du nie verlassen hast, wieder in dir wachrufen. Du bist nach wie vor, wie ER dich schuf, ein vollkommener GEDANKE und SEINE liebende Ausdehnung. Vergiß diese brutalen Träume der Unwürdigkeit und nimm die Wahrheit an, daß dir all deine irrtümlichen Überzeugungen, an denen niemals etwas Wahres war, vergeben sind. Unser Weg zurück zur Erinnerung an GOTT besteht aus der Aufhebung deiner Überzeugung, dein Weg der Ganzwerdung sei von Wert. *Du mußt nur jedes Urteil über dich und andere loslassen und vergeben, was du noch immer als einen Ersatz für die WIRKLICHKEIT wahrnimmst.* Übergib mir die Entscheidung, die du getroffen hast, bevor du in den Traum eingetreten bist.«

Ich wußte genau, was der HEILIGE GEIST meinte: die Entscheidung, die ich getroffen hatte, daß ich alles tun würde, ungeachtet der damit verbundenen Leiden, um mich in diesen Traum hineinzubegeben … *das* sollte ich loslassen. Anstatt es auf meine Weise zu tun, sollte ich den HEILIGEN GEIST meine Alpträume durch SEINE glücklichen Träume ersetzen lassen. Als hätte ich eine Kassette in einem geistigen Tonband gewechselt, konnte ich endlich den HEILIGEN GEIST für mich entscheiden lassen. Die Stimme des Schmerzes und Urteils verklang, und an ihre Stelle trat die STIMME des HIMMELS und IHRE Botschaft von einer anderen Sehweise.

Jetzt weiß ich, daß die HILFE in mir ist, und jedes Mal, wenn ich in diesem Traum versucht bin, auf irgend jemanden oder irgend etwas so zu reagieren, als wäre es wirklich, rufe ich unverzüglich diese HILFE des HIMMELS an. Wenn ich die Welt betrachte, kann ich über die törichte Unwirklichkeit dessen lächeln, was ich als einen Ersatz für den HIMMEL ansah. Ich habe mich an meine QUELLE und daran, wer ich bin, erinnert und weiß, daß alles andere von meiner Unwürdigkeit und meinem Selbsthaß kommt und nur meine eigenen grotesken Einbildungen einer Trennung von GOTT sind, die nie möglich wäre.

Diese Erfahrungen will ich mit euch teilen, meine Freunde, damit ihr die falschen und illusionären Überzeugungen des Geistes vermeiden könnt, die eine Welt entstehen ließen, welche wir durch unser Bewußtsein wahrnehmen. An irgendeinen Teil der Welt zu glauben, einem einzigen Gedanken Glauben zu schenken, den die Welt hegt, oder gegen ihn zu kämpfen heißt, in die Falle zu gehen und das traurige Lied der Huldigung an das falsche Denksystem zu singen, das wir Ego nennen. Es bedeutet, sich in einer so umfassenden Unwissenheit zu verstricken, daß sie nur einem Zustand völligen Vergessens und Nicht-Seins vergleichbar ist. Es fühlt sich nicht so an und sieht auch nicht so aus, doch das ist die hypnotische Wirkung, die Halluzination dieses Alptraums, den wir gemacht haben, um den HIMMEL zu ersetzen.

Vor allem aber vergeßt niemals, daß unsere liebende QUELLE SEINE heilige STIMME in unseren Geist entsandt hat, um uns in jeder scheinbaren Drangsal zu trösten, uns aus diesem Traum zu wecken und sanft nach HAUSE zurückzugeleiten, von wo wir in Wahrheit niemals weggegangen sind.

2

Das Wesen des Himmels

Jahrhundertelang haben Mystiker immer wieder betont, wie unbeschreiblich GOTT und der HIMMEL seien. Auch in *Ein Kurs in Wundern* wird gewöhnlich nicht versucht, das zu beschreiben, was sich jeder Beschreibung entzieht. Vielmehr heißt es darin: »Worte [sind] nur Symbole von Symbolen. So sind sie zweifach von der Wirklichkeit entfernt« (H-21.1:9-10). Daher ist es auch sehr schwierig, den Kern der WIRKLICHKEIT GOTTES in Worte zu fassen, die »zweifach [davon] entfernt« sind:

> Einssein ist einfach die Idee: GOTT ist. Und in SEINEM SEIN umfaßt ER alle Dinge. Kein Geist birgt irgend etwas außer IHM. Wir sagen: »Gott ist«, und dann hören wir auf zu sprechen, denn in dieser Erkenntnis sind Worte bedeutungslos« (Ü-I.169.5:1-4).

Dennoch wollen wir wenigstens versuchen, GOTT und den HIMMEL irgendwie zu beschreiben und die Grundzüge des HIMMELREICHES zu skizzieren. Dazu gehören das Wesen GOTTES, der Vorgang der Schöpfung und die vollkommene Einheit des SCHÖPFERS mit der Schöpfung, die nie verändert oder zerstört werden kann.

Wir wollen mit der folgenden wunderschönen und eindrucksvollen Stelle aus dem Kurs beginnen, in der eine Erinnerung an jene uranfängliche Ruhe in uns anklingt, die wir verloren zu haben glauben:

> Horch! Vielleicht erhaschst du den Hauch eines Urzustands, den du nicht ganz vergessen hast – undeutlich vielleicht, und doch nicht gänzlich unbekannt, wie ein Lied, dessen Namen du längst vergessen hast und ebenso die Umstände, unter denen du es vernahmst. Nicht das vollständige Lied ist bei dir geblieben, nein, nur der kleinste Fetzen einer Melodie, weder mit einem Menschen noch einem Ort oder sonst etwas Bestimmtem verknüpft. Und dieser kleine Fetzen nur erinnert dich daran, wie lieblich dieses Lied war, wie herrlich die Umgebung, wo du es gehört hast, und wie sehr du jene liebtest, die da waren und es mit dir hörten …
>
> Jenseits des Körpers, jenseits der Sonne und der Sterne, hinter allem, was du siehst, und doch irgendwie vertraut, wölbt sich ein Bogen goldenen Lichts, der sich, während du schaust, zu einem großen, leuchtenden Kreis ausdehnt. Und der ganze Kreis füllt sich mit Licht vor deinen Augen. Der Rand des Kreises löst sich auf, und was darin ist, wird nicht mehr zurückgehalten. Das Licht breitet sich aus und bedeckt alles, dehnt sich unendlich aus und leuchtet immerdar, ohne daß irgendwo eine Grenze oder Unterbrechung wäre. Darin ist alles in vollkommener Kontinuität verbunden. Und es ist unvorstellbar, daß irgend etwas außerhalb sein könnte, denn es gibt keinen Ort, wo dieses Licht nicht wäre.
>
> Das ist die Schau des GOTTESSOHNES, der dir wohlbekannt ist. Hier ist der Anblick dessen, der seinen VATER erkennt. Hier ist die Erinnerung an das, was du bist: ein Teil davon,

> mit allem in dir und so sicher mit allem verbunden, wie alles in dir verbunden ist« (T-21.I.6; 8:1-9:3).

GOTT ist als ERSTE URSACHE der SCHÖPFER und die QUELLE allen Lebens. ER ist vollkommene Liebe, ewige Einheit, grenzenlos, formlos und unveränderbar. Obschon GOTT offensichtlich kein Körper und weder männlich noch weiblich ist, halten wir uns im vorliegenden Buch an den traditionellen jüdisch-christlichen Sprachgebrauch, der auch im Kurs verwendet wird. Dies stimmt mit der Zielsetzung des Kurses, der Berichtigung, überein: Was als Fehler des Christentums erachtet wird, wird innerhalb des begrifflichen Rahmens des Christentums korrigiert. Die überlieferte Sprache wird also beibehalten, jedoch vollkommen neu gedeutet.

Die Essenz des HIMMELS ist Geist, und dieser »ist der GEDANKE GOTTES, den ER wie SICH SELBST schuf. Der geeinte Geist ist der eine SOHN GOTTES oder CHRISTUS« (B-1.1:3-4). Das ist ein weiteres Beispiel für die Verwendung der christlichen Terminologie im Kurs, jedoch in einer vom herkömmlichen Gebrauch völlig abweichenden Bedeutung. Die traditionelle christliche Auffassung Jesu als des einzigen SOHNES GOTTES – wobei alle anderen adoptierte Söhne sind – wird hier im Kurs berichtigt und alle Menschen (ja, alle »Lebewesen«) zum CHRISTUS gezählt. Jesus sagt, er sei einfach ein »älterer Bruder«, der zur SOHNSCHAFT des CHRISTUS gehört, sich in der Zeit zwar von uns unterscheidet, in der Ewigkeit jedoch gleich ist wie wir. Im Kurs sagt er:

> Ich habe nichts an mir, was du nicht erreichen kannst. Ich habe nichts, was nicht von GOTT kommt. Der jetzige Unterschied zwischen uns ist, daß ich nichts anderes habe.

> Dadurch bin ich in einem Zustand, der in dir nur potentiell vorhanden ist (T-1.II.3:10-13).

Eine weitere Eigenschaft des Geistes besteht darin, daß er sich ständig ausdehnt: das ist Schöpfung. Der Vorgang sollte jedoch nicht so verstanden werden, als finde er in einer räumlichen Dimension statt, was bei unserer Verwendung des Wortes »Ausdehnung« naheliegt. Der REINE GEIST dehnt sich durch den GEIST GOTTES aus, der als »aktivierende Kraft des reinen Geistes« bezeichnet wird, die »dessen schöpferische Energie liefert« (B-1.1:1).

Da GOTT CHRISTUS erschaffen hat, indem ER SICH ausdehnte, und CHRISTUS an allen Eigenschaften SEINES SCHÖPFERS teilhat, muß der SOHN erschaffen wie SEIN VATER. Somit wird im Kurs gelehrt, daß CHRISTUS GOTTES Mitschöpfer ist. GOTT hat CHRISTUS erschaffen, und CHRISTUS hat das erschaffen, was der Kurs als Schöpfungen bezeichnet:

> GOTT, DER alles Sein umfaßt, schuf Wesen, die ein jedes für sich alles haben, es aber mit andern teilen wollen, um ihre Freude zu mehren. Nichts Wirkliches läßt sich vermehren außer durch Miteinanderteilen. Deshalb hat GOTT dich erschaffen. Die GÖTTLICHE ABSTRAKTION freut sich am Teilen. Das ist es, was Schöpfung bedeutet (T-4.VII.5:1-5).

> Das Sein *muß* ausgedehnt werden. Das ist die Art und Weise, wie es die Erkenntnis seiner selbst beibehält. Der reine Geist sehnt sich danach, sein Sein zu teilen, ganz wie sein SCHÖPFER es tat. Durch Miteinanderteilen erschaffen, ist es sein Wille, zu erschaffen. Er hat nicht den Wunsch, GOTT einzudämmen, sondern will SEIN SEIN ausdehnen.
> Die Ausdehnung von GOTTES SEIN ist die einzige Funktion des reinen Geistes. Seine Fülle kann ebensowenig einge-

> dämmt werden wie die Fülle seines SCHÖPFERS. Fülle ist Ausdehnung (T-7.IX.2:6-3:3).

In der Sprache des Kurses könnte man also sagen, daß GOTT die ERSTE PERSON der Dreieinigkeit ist, während CHRISTUS und SEINE Schöpfungen die ZWEITE PERSON bilden. Wenn CHRISTUS GOTTES Mitschöpfer ist, heißt das nicht, daß CHRISTUS GOTT *ist*: GOTT hat CHRISTUS erschaffen; CHRISTUS aber hat GOTT nicht erschaffen. Diese Einheit GOTTES, CHRISTI und der Schöpfungen CHRISTI nennt der Kurs die WIRKLICHKEIT.

Paradoxerweise ist im Kurs die Rede vom einen SOHN GOTTES, gleichzeitig aber auch von den SÖHNEN oder der SOHNSCHAFT, etwa im folgenden Zitat:

> Es sollte insbesondere beachtet werden, daß GOTT nur *einen* SOHN hat. Wenn alle SEINE Schöpfungen SEINE SÖHNE sind, dann muß ein jeder ein integraler Teil der ganzen SOHNSCHAFT sein. Die SOHNSCHAFT ist in ihrem Einssein mehr als die Summe ihrer Teile (T-2.VII.6:1-3).

In unserem Mythos haben wir das Wort »Idee« als Bezeichnung für den SOHN GOTTES, den geeinten CHRISTUS verwendet und »GEDANKEN« für die SÖHNE, deren TOTALITÄT die SOHNSCHAFT ausmacht. Wie es in *Ein Kurs in Wundern* heißt:

> Die Schöpfung ist die Summe aller GEDANKEN GOTTES, unendlich an der Zahl und überall ohne jede Grenze. Nur die LIEBE erschafft und nur wie SICH selbst. Es gab nie eine Zeit, wo all das, was SIE schuf, nicht da war. Auch wird es niemals eine Zeit geben, in der irgend etwas, was SIE schuf, irgendeinen Verlust erleidet. Auf immer und auf ewig sind

> die GEDANKEN GOTTES ganz genau so, wie sie es waren und wie sie sind, unverändert durch die Zeit und nachdem die Zeit vorbei ist.
> Den GEDANKEN GOTTES ist alle Macht gegeben, die ihr eigener SCHÖPFER hat. Denn durch ihre Ausdehnung möchte ER die LIEBE mehren. So hat SEIN SOHN teil an der Schöpfung und muß daher teilhaben an der Macht, zu erschaffen ... Die Schöpfung ist der heilige SOHN GOTTES, denn in der Schöpfung ist SEIN WILLE in jedem Aspekt vollständig, weswegen jeder Teil das GANZE voll enthält. Die Unversehrtheit seines Einsseins ist verbürgt auf ewig, auf ewig gehalten in SEINEM heiligen WILLEN, jenseits jeder Möglichkeit von Schaden, Trennung, von Unvollkommenheit und irgendeinem Flecken auf seiner Sündenlosigkeit (Ü-II.11.1:1-2:3; 3:2-3).

Die Schöpfung ist vollkommen unveränderlich und vollkommen geeint:

> Des HIMMELS Unveränderlichkeit ist in dir ... Die stille Unendlichkeit des Friedens ohne Ende umgibt dich sanft mit ihrer zärtlichen Umarmung, die so stark und ruhig und so friedlich ist in ihres SCHÖPFERS Macht, daß nichts den heiligen SOHN GOTTES in dir stören kann (T-29.V.2:3-4).
>
> Der HIMMEL ist weder ein Ort noch ein Zustand. Er ist nur ein Gewahrsein vollkommenen Einsseins und die Erkenntnis, daß es sonst nichts gibt, nichts außerhalb dieses Einsseins und nichts anderes darin (T-18.VI.1:5-6).

Das Wort »Erkenntnis« wird im Kurs verwendet, um den nondualen Zustand des HIMMELS zu bezeichnen, und hat nichts mit dem landläufigen Gebrauch zu tun, bei dem eine Dualität von Subjekt und Objekt, eines Erkennenden und eines Erkannten gegeben ist. Im Kurs heißt es auch:

> Im HIMMEL ist alles, was GOTT wertschätzt, und sonst nichts. Der HIMMEL ist vollkommen unzweideutig. Alles ist hell und klar und ruft nur eine Reaktion hervor. Da gibt es keine Dunkelheit und keinen Kontrast. Da gibt es keine Schwankung. Da gibt es keine Unterbrechung. Dort herrscht ein Gefühl des Friedens, der so tief ist, daß kein Traum in dieser Welt je die schwächste Vorstellung davon brachte, was er ist (T-13.XI.3:7-13).

Die Unveränderlichkeit GOTTES und SEINES SOHNES, die auf ewig eins sind, entspricht dem folgenden wichtigen Grundsatz aus *Ein Kurs in Wundern*: Ideen verlassen ihre QUELLE nicht (T-26.VII.4:7 u.a.). Wir sind die GEDANKEN (Ideen) im GEISTE GOTTES und können daher unsere QUELLE, den GEIST, der uns erschaffen hat, nie verlassen. Diese wahre Aussage berichtigt unseren falschen Glauben an die Trennung und beinhaltet das SÜHNEprinzip. Wie wichtig diese Aussage ist, wird durch die Tatsache belegt, daß der Satz: »Ich bin, wie GOTT mich schuf« dreimal als Lektionsüberschrift verwendet wird und außerdem den ganzen Kurs hindurch immer wieder vorkommt:

> CHRISTUS ist GOTTES SOHN, wie ER IHN schuf. ER ist das SELBST, welches wir miteinander teilen und das uns miteinander eint und auch mit GOTT. ER ist der GEDANKE, DER nach wie vor im GEIST wohnt, der SEINE QUELLE ist. ER hat SEIN heiliges Zuhause nicht verlassen, noch hat ER die Unschuld verloren, in welcher ER erschaffen wurde. ER weilt unverändert und für immer im GEIST GOTTES (Ü-II.6:1).

> Nichts existiert, was GOTT nicht kennt. Und was ER kennt, das existiert in Ewigkeit und unveränderlich. Denn Gedanken währen so lange wie der Geist, der sie gedacht hat. Und im GEIST GOTTES gibt es weder ein Ende noch eine Zeit, in der SEINE GEDANKEN abwesend gewesen wären oder Veränderung erleiden konnten … Also gibt es keine separaten Teile in dem, was im GEIST GOTTES existiert. ER ist für immer eins, ewig vereint und in Frieden (T-30.III.6:1-4, 8-9).

Von der LIEBE erschaffen und in der LIEBE, sind wir als CHRISTUS die LIEBE. Als GEDANKEN im GEIST der LIEBE können wir diese QUELLE nie verlassen. Ohne Anfang und ohne Ende fließt diese LIEBE – der CHRISTUS – unaufhörlich von SICH zu IHRER QUELLE und von IHRER QUELLE zu SICH SELBST. Daher gibt es keinen Ort, an dem GOTT, der VATER, aufhört und der SOHN beginnt (Ü-I-132.12:4). Wir sind auf ewig eine WIRKUNG und mit IHM, DER unsere URSACHE ist, verbunden.

3

Der Abstieg in die Hölle: die Trennung von Gott

In *Ein Kurs in Wundern* heißt es:

> In die Ewigkeit, wo alles eins ist, kam eine winzig kleine Wahnidee geschlichen, und GOTTES SOHN vergaß, über sie zu lachen. Und weil er das vergaß, ist der Gedanke zu einer ernsten Idee geworden und sowohl der Umsetzung als auch realer Wirkungen fähig (T-27.VIII.6:2-3).

Die »winzig kleine Wahnidee« ist in unserem Mythos der eine Teil der SOHNSCHAFT, dem plötzlich der Gedanke kommt: »Könnte es ein Gegenteil dessen geben, was ist?« Mit anderen Worten: »Ist das alles, was es gibt? Kann es mehr als das geben, was ist? Etwas anderes?« Die Worte spielen hierbei keine Rolle, aber was sie bedeuten und beinhalten sehr wohl.

Schon die Annahme, es könne ein Gegenteil der WIRKLICHKEIT geben, die im obigen Gedanken – »Könnte es ein Gegenteil dessen geben, was ist?« – ausgedrückt wird, ist eigentlich eine Aussage, die sich nur als Frage tarnt. Da der HIMMEL ALLES ist, setzt die Frage selbst, indem sie die Möglichkeit in Betracht zieht, es könnte »etwas anderes« geben, bereits die dualistische Auffassung voraus, daß ein Gegenteil des HIMMELS möglich ist und von diesem »anderen« hervorgebracht werden könnte. Durch die Einführung dieser Dualität werden die EINHEIT und FÜLLE unserer QUELLE verleugnet. Da GOTT die WIRKLICHKEIT als totale Einheit begründet hat, verwirft der Glaube an die Dualität notwendigerweise die WIRKLICHKEIT und ersetzt sie bestenfalls mit einer Perversion der Wahrheit, schlimmstenfalls mit einer Hölle. Wie es im Kurs heißt:

> Denn diese Welt *ist* des HIMMELS Gegenteil, da sie gemacht ward, um sein Gegenteil zu sein, und alles hier nimmt eine Richtung, die dem, was wahr ist, genau entgegengesetzt ist. Im HIMMEL, wo die Bedeutung der Liebe erkannt wird, ist Liebe dasselbe wie Vereinigung. Hier, wo die Illusion der Liebe anstelle der Liebe akzeptiert wird, wird Liebe als Trennung und als Ausschluß wahrgenommen (T-16.V.3:6-8).

Das scheinbare Ergebnis jener »winzig kleinen Wahnidee« ist daher, daß wir uns selbst aus dem HIMMEL geworfen und das Erbe unseres SCHÖPFERS ausgeschlagen haben als ein Teil GOTTES, der glaubte, er könne sich von seiner QUELLE abschneiden und ohne QUELLE bestehen, um nicht zu sagen, er könne die QUELLE ihrer WIRKUNGEN (des CHRISTUS) berauben. Im Kurs heißt es dazu:

> Wir haben an früherer Stelle von deinem Verlangen gesprochen, deinen eigenen Schöpfer zu erschaffen und sein Vater statt sein Sohn zu sein ... Der SOHN ist die Wirkung, dessen URSACHE er verleugnet. So scheint er die Ursache zu *sein* und reale Wirkungen hervorzubringen (T-21.II.10:4, 6-7).

Im Rahmen der »magischen Gedanken«, zu denen der Kurs sämtliche Ego-Gedanken nach der Trennung zählt, scheint das Unmögliche jetzt möglich zu sein:

> Ein magischer Gedanke anerkennt durch seine bloße Anwesenheit eine Trennung von GOTT. Er besagt in der deutlichsten Form, die es gibt, daß der Geist, der glaubt, er habe einen separaten Willen, der sich dem WILLEN GOTTES widersetzen kann, auch glaubt, daß dies gelingen kann. Daß dies kaum eine Tatsache sein kann, ist offensichtlich. Daß es jedoch als Tatsache geglaubt werden kann, ist gleichermaßen offensichtlich. Und hierin liegt die Geburtsstätte der Schuld (H-17.5:3-7).

Indem der Gedanke der Trennung in den Rahmen der »magischen Gedanken« gestellt wird, lehrt der Kurs, daß die Trennung illusionär, ja unvorstellbar ist. Ein Teil GOTTES (die SOHNSCHAFT) und SEINES WILLENS kann keinen eigenen Willen haben, der sich selber widerspricht. Wie es im Kurs heißt:

> Das Ego ist nur eine Idee, der zufolge es möglich ist, daß dem SOHN GOTTES Dinge ohne seinen Willen widerfahren könnten und somit ohne seines SCHÖPFERS WILLEN, DESSEN WILLE von seinem eigenen nicht zu trennen ist. Das ist der Ersatz des GOTTESSOHNES für seinen Willen, ein verrückter Aufstand gegen das, was ewig sein wird. Das ist die Aussage, daß er die Macht hat, GOTT machtlos zu machen und sie selbst zu übernehmen und sich ohne das zu lassen, was GOTT für ihn gewollt hat. Das ist die Wahnidee, die du in einen Schrein auf deine Altäre gestellt hast und verehrst (T-21.II.6:4-7).

Zudem weiß GOTT nicht einmal, was geschehen ist:

> Der reine Geist ist sich in seiner Erkenntnis des Ego nicht bewußt. Er greift es nicht an; er kann es sich einfach überhaupt nicht denken (T-4.II.8:6-7).

Dennoch hindert uns das nicht daran, daß wir das Unvorstellbare *glauben*:

> Jedem steht es frei, sein Erbe auszuschlagen, doch steht es ihm nicht frei festzulegen, was sein Erbe ist (T-3.VI.10:2).

Und weil der SOHN GOTTES eine Einheit ist, schoß der eine Trennungsgedanke, der zuvor im Mythos beschrieben wurde, wie ein Laserstrahl durch die gesamte SOHNSCHAFT. Es war, als hätte sich ein Teil der kollektiven SOHNSCHAFT wie eine Zellophanschicht abgelöst und in eine Leere des Nirgendwo hineingeschleudert. In *Ein Kurs in Wundern* wird dies als »Umweg in die Angst« beschrieben, der vier Schritte beinhaltet:

> Erstens glaubst du, daß das, was GOTT erschaffen hat, durch deinen eigenen Geist verändert werden kann.
> Zweitens glaubst du, daß das, was vollkommen ist, unvollkommen oder mangelhaft gemacht werden kann.
> Drittens glaubst du, daß du GOTTES Schöpfungen verzerren kannst, dich eingeschlossen.
> Viertens glaubst du, daß du dich selbst erschaffen kannst und daß die Richtung deiner eigenen Schöpfung bei dir liegt.
> Diese miteinander verwandten Verzerrungen stellen ein Bild dessen dar, was eigentlich bei der Trennung oder dem »Umweg in die Angst« geschah. Nichts von alledem exi-

> stierte vor der Trennung, noch existiert es tatsächlich jetzt (T-2.I.1:9-2:2).

Wenn die Trennung nur ein böser Traum ist und nicht existiert, ist es nur natürlich, daß wir uns fragen, weshalb wir sie dann so erleben, als sei sie wirklich.

> Wie kannst du, der du GOTTES Bedeutung bist, dich wahrnehmen, als seist du abwesend von ihr? Du kannst dich nur als getrennt von deiner Bedeutung sehen, wenn du dich als unwirklich erfährst (T-7.III.2:4-5).

Die Existenz ist im Kurs ein falscher oder illusionärer Ersatz für die göttliche Abstraktion des Seins. Da die Macht unseres Geistes groß ist, glauben wir, wir könnten die WIRKLICHKEIT verdrehen, sie umstürzen und, wie im Abschnitt oben über den »Umweg in die Angst« beschrieben, in »etwas anderes« verändern, das von der Wahrheit des HIMMELS getrennt zu sein scheint. Mit anderen Worten, wir haben unsere wahre IDENTITÄT als CHRISTUS verleugnet und eine falsche Identität als Ego angenommen.

Das alles geht auf das Autoritätsproblem zurück, von dem es im Kurs heißt, es sei die »Wurzel allen Übels«. Wir glauben, wir seien die Autoren unserer eigenen Existenz, wir hätten GOTTES Macht usurpiert und unsere eigene Selbstschöpfung eingesetzt.

> ... du aber ziehst es vor, anonym zu bleiben, wenn du dich entscheidest, dich von deinem AUTOR zu trennen. Da du dir deiner wahren AUTORSCHAFT ungewiß bist, glaubst du, daß deine Schöpfung anonym war. Das versetzt dich in eine Lage, in der es bedeutungsvoll erscheint, zu glauben, daß du dich selbst erschaffen hast. Der Streit um die Au-

> torschaft hat eine derartige Ungewißheit in deinem Geist hinterlassen, daß er womöglich sogar daran zweifelt, ob du überhaupt wirklich existierst (T-3.VI.8:7-10).

Das Ego ist der formgewordene Trennungsgedanke. Es ist der Glaube, wir hätten uns selbst erschaffen und unseren wahren SCHÖPFER zerstört. Das wird im folgenden Auszug knapp erläutert:

> Das Ego ist Götzendienst, das Zeichen eines begrenzten und getrennten Selbst, in einen Körper geboren und dazu verdammt, zu leiden und sein Leben im Tode zu beenden. Es ist der »Wille«, der den WILLEN GOTTES als Feind sieht und eine Form annimmt, in der dieser verleugnet wird. Das Ego ist der »Beweis« dafür, daß Stärke schwach und Liebe angsterregend ist, daß Leben eigentlich der Tod und nur das wahr ist, was sich GOTT widersetzt.
>
> Das Ego ist wahnsinnig. Voll Angst steht es jenseits des ÜBERALLSEIENDEN, von ALLEN abgesondert und in Trennung vom UNENDLICHEN. In seinem Wahnsinn denkt es, es sei Sieger über GOTT SELBST geworden. Und in seiner schrecklichen Autonomie »sieht« es, daß der WILLE GOTTES vernichtet worden ist (Ü-II.12.1:1-2:4).

Außerdem geht es nicht so sehr um den Trennungsgedanken (das Ego), der wie ein Laserstrahl durch die SOHNSCHAFT schoß, als um die Reaktionen auf diesen Gedanken. Im Kurs wird das Augenmerk hauptsächlich auf diese Reaktionen gerichtet. Im Mythos war die Rede von drei verschiedenen Gruppen und ihre jeweilige Reaktion auf den Trennungsgedanken. Wenn wir unsere eigenen Erfahrungen überdenken, gehen wir am besten davon aus, daß wir alle, die wir als scheinbar getrennte SÖHNE auf dieser Erde wandeln, jeweils Seiten aller drei Gruppen in uns haben: der dunklen Gruppe, wo der Trennungsgedanke ursprünglich entstand, der LICHTgruppe, die den Trennungsgedanken nicht ernst nahm und sich ihm daher nicht widersetzte, und der mittleren Gruppe irgendwo zwischen den beiden anderen, die den Trennungsgedanken sehr ernst nahm und deshalb GOTT vor dem Angriff der dunklen Gruppe verteidigen wollte, indem sie diese zu besiegen suchte. Schauen wir uns nun einige psychologische Aspekte aller drei Gruppen an.

Die dunkle Gruppe zielte einzig und allein darauf ab, sich GOTTES AUTORSCHAFT anzueignen, GOTT dadurch zu besiegen und sich an SEINER Statt auf den Thron zu setzen. Sie wußte, daß sie das in der WIRKLICHKEIT nicht vollbringen konnte; ihr Wunsch ließ sich jedoch erfüllen, wenn sie den HIMMEL verließ. Da »jede Überzeugung für den wirklich ist, der daran glaubt« (T-3.VII.3:3), glaubte die dunkle Gruppe auch, ihrem SCHÖPFER die Macht entrissen zu haben. Im Kurs wird dies an vielen verschiedenen Stellen beschrieben, zum Beispiel:

> Der Geist kann den Glauben an die Trennung sehr wirklich und sehr schrecklich machen, und dieser Glaube *ist* der »Teufel«. Er ist mächtig, aktiv, destruktiv und eindeutig in Opposition zu GOTT, weil er buchstäblich SEINE VATERSCHAFT verleugnet (T-3.VII.5:1-2).

> Der »Teufel« ist eine beängstigende Vorstellung, weil er äußerst mächtig und äußerst aktiv zu sein scheint. Er wird als eine Kraft wahrgenommen, die sich im Kampf mit GOTT befindet und mit IHM um den Besitz SEINER Schöpfungen ringt (T-3.VII.2:4-5).

Am Rande bemerkt, haben wir diese Stellen ausgesucht, um auf die christliche Auffassung von der Rolle des Teufels hinzuweisen. Der theologischen Überlieferung zufolge ist der Teufel eine äußere Kraft, die den Menschen durch Täuschung in Versuchung führt und daher für die falschen Entscheidungen der Menschen verantwortlich ist. Psychologisch gesehen ist eine solche Überzeugung sehr verständlich, denn sie bietet uns einen Ausweg, weil wir dadurch der Verantwortung für unsere Gedanken und Entscheidungen enthoben sind. Nur ergibt das eigentlich keinen Sinn, denn dann wird die Macht des Geistes, Entscheidungen zu treffen, geleugnet. Da wir uns ursprünglich für die Trennung entschieden hatten, müssen wir auch jetzt die Möglichkeit haben, uns anders zu entscheiden.

Zusammenfassend stellen wir also fest, daß die dunkle Gruppe jenen Teil unseres getrennten Geistes darstellt, der GOTT unablässig verleugnen, angreifen und umbringen will, indem er die Liebe durch Angst ersetzt und danach strebt, ein Gegenteil des HIMMELS zu errichten. Das wird im Kurs als Ego (oder »Falschgesinntheit«) bezeichnet und in der folgenden eindrücklichen Textstelle mit dem »Antichrist« gleichgesetzt, einem weiteren Beispiel für die Neudefinition eines überlieferten christlichen Begriffs im Kurs:

> Das ist der Antichrist: die merkwürdige Idee, es gebe eine Macht über der Allmacht, einen Ort jenseits des Unendlichen, eine Zeit, die über das Ewige hinausgeht. Hier ist die Welt der Götzen hingesetzt durch die Idee, dieser Macht und diesem Ort und dieser Zeit sei Form gegeben, und sie würde die Welt gestalten, in der das Unmögliche geschehen ist. Hierher kommen die Unsterblichen, um zu sterben, die Allumfassenden, um Verlust zu leiden, die Zeitlosen, um zu Sklaven der Zeit gemacht zu werden. Hier verändert sich

> das Unveränderliche: Der Friede GOTTES, der allen Lebewesen in alle Ewigkeit gegeben ist, macht dem Chaos Platz. Und GOTTES SOHN, der so vollkommen, sündenlos und liebend wie sein VATER ist, kommt, um eine kleine Weile lang zu hassen, Schmerz zu leiden und schließlich zu sterben (T-29.VIII.6:2-6).

Die LICHTgruppe am anderen Ende des Spektrums identifizierte sich nicht mit dem Trennungsgedanken und behielt das Gewahrsein dessen, WER sie war (der CHRISTUS) sowie die Erinnerung an ihren SCHÖPFER ungetrübt bei. Jener Teil unseres Geistes (die »Rechtgesinntheit«), der der LICHTgruppe entspricht, ist die Wohnstatt des HEILIGEN GEISTES, DER im Kurs als STIMME FÜR GOTT, als ANTWORT auf unsere Frage »Könnte es ein Gegenteil dessen geben, was ist?« bezeichnet wird. Er wird auch als »die Kommunikationsverbindung zwischen GOTT dem VATER und SEINEN getrennten SÖHNEN« (T-6.I.19:1) beschrieben. Von GOTT erschaffen, um SEINEN schlafenden SOHN aus seinen Alpträumen aufzuwecken, hat der HEILIGE GEIST die Funktion, in den Traum mitzugehen, um den SOHN zu trösten und ihm zuzurufen, »aufzuwachen und froh zu sein«. Deshalb wird ER auch als TRÖSTER bezeichnet.

Im Kurs wird metaphorisch beschrieben, was GOTT nach der Trennung dachte:

> Meine Kinder schlafen und müssen geweckt werden (T-6.V.1:8).

Und dann heißt es weiter:

> Auf welch freundlichere Weise könntest du Kinder wecken als durch eine sanfte STIMME, DIE sie nicht er-

schreckt, sondern nur daran erinnert, daß die Nacht vergangen und das Licht gekommen ist? (T-6.V.2:1)

Der HEILIGE GEIST ist derjenige, DER den SOHN daran erinnert, über den ursprünglichen Gedanken der Trennung »zu lachen«. Mit anderen Worten, uns wird geraten, ihn nicht ernst zu nehmen, weil die Trennung in der WIRKLICHKEIT nicht geschehen konnte, sondern nur im Wahnsinn.

Die mittlere Gruppe ist der Ort des Konflikts und der Angst, weil sie sowohl der LICHT- als auch der dunklen Gruppe Wirklichkeit verleiht und eigentlich gar nicht zwischen Wahrheit und Illusion unterscheiden kann. Es ist, als wären diejenigen, die sich zur mittleren Gruppe hingezogen fühlten, als der Trennungsgedanke wie ein Laserstrahl durch die SOHNSCHAFT schoß, von einem bösartigen Virus angesteckt worden. Man könnte sich vorstellen, daß sie beim ursprünglichen Gedanken im stillen dachten: »Das ist ja interessant, ich bin neugierig, wie das wohl wäre.« In jenem Augenblick wurde der Boden dafür bereitet, der diesem Gedanken Wirklichkeit in ihrem Geist verleihen sollte, wodurch er »sowohl der Umsetzung als auch realer Wirkungen« fähig wurde (T-27.VIII.6:3). Hier liegt ihre ursprüngliche Schuld, denn sie glaubten, sie seien angesteckt worden, weil sie den Trennungsgedanken erwogen hatten, wenn auch nur einen einzigen Augenblick lang. Diese Ansteckung wird im Kurs als Sünde bezeichnet, die psychologisch als Schuld empfunden wird und deren unvermeidliches Ergebnis Angst ist.

Der Traumzustand, den wir Trennung nennen, ist eigentlich ein Alptraum, der aus den Hauptbestandteilen der unheiligen Dreifaltigkeit Sünde, Schuld und Angst besteht: Die *Sünde* stellt den Glauben dar, wir hätten uns tatsächlich von GOTT trennen und SEINEN Platz als ERSTE URSACHE und

URSCHÖPFER einnehmen können. In dem Spiel »Bergkönig«, in dem Kinder versuchen, alleiniger Besitzer der Spitze eines Erdhügels zu sein, klingt diese Sünde an. Nur unsere Identifikation mit dem Ego-Selbst macht uns glauben, unser Traum sei Wirklichkeit geworden. Die *Schuld* hält diesen Glauben aufrecht und birgt zudem die Anschuldigung in sich, wir hätten unserem VATER – unserer QUELLE – etwas Schreckliches angetan, indem wir uns SEINEM WILLEN widersetzten. Um dieser Schuld willen ist es unvermeidlich, daß wir glauben, GOTT würde SICH unweigerlich dafür rächen, indem ER uns für den IHM gestohlenen Platz bestrafe. Und daher können wir gar nicht anders, als vor dieser zornigen Vergeltung des HIMMELS *Angst* zu haben. Wir können also sagen, daß unser Alptraum der Sünde, Schuld und Angst zu einem Schlachtfeld geworden ist, auf dem GOTT und SEINE SÖHNE zu Feinden wurden. Diese Lage wird im Kurs wie folgt zusammengefaßt:

> Bedenke, was das der Beziehung zwischen dem VATER und dem SOHN anzutun scheint. Jetzt sieht es aus, als würden sie nie wieder eins sein können. Denn einer muß stets verurteilt werden, und zwar durch den anderen. Jetzt sind sie verschieden und sind Feinde. Ihre Beziehung ist die von Gegnern, genauso wie getrennte Aspekte des SOHNES einander nur begegnen, um in Konflikt zu treten, nicht aber, um sich zu verbinden … Und nun erscheint die Angst vor GOTT und voreinander ganz vernünftig, da das, was der SOHN GOTTES sich und seinem SCHÖPFER antat, ihr Wirklichkeit verliehen hat (T-23.II.5:1-5, 7).

Sehen wir uns kurz die Abbildung im Anhang an: Der Kasten rechts oben stellt den Traum dar, in dem ein Teil des GEISTES des SOHNES sich scheinbar (die Linie ist gestrichelt) von SICH SELBST, dem CHRISTUSGEIST, getrennt hat. Der getrennte Geist ist das Ego (und das Bewußtsein) und stellt das falsche Selbst dar, das wir im Traum zu sein vermeinen. Wie es im Kurs heißt:

> Das Bewußtsein – die Ebene der Wahrnehmung – war die erste Spaltung, die nach der Trennung in den Geist eingeführt wurde, was den Geist zu einem Wahrnehmenden anstatt zu einem Schöpfer machte. Das Bewußtsein wird zutreffend als Domäne des Ego bezeichnet. Das Ego ist ein falschgesinnter Versuch, dich so wahrzunehmen, wie du sein möchtest, statt wie du bist (T-3.IV.2:1-3).

Da der nunmehr individuell gewordene getrennte Geist nicht in einem so furchtbaren Schreckenszustand verbleiben kann, verdrängt und verleugnet er den gesamten Trennungsgedanken sowie jede Verantwortung dafür. Statt der »Sünde« ins Auge zu schauen, die er in sich zu tragen glaubt, und zu merken, wie unwirklich der Schrecken vor GOTTES Zorn ist, verfälscht er den geistigen Vorgang der Ausdehnung zu dem, was der Kurs als »Projektion« bezeichnet. Was innen wahrgenommen und wahrgemacht wurde, wird nun außen wahrgenommen und wahrgemacht. Im Kurs steht dazu:

> Wahrnehmung wird durch Projektion erzeugt ... Sie ist das Zeugnis für den Zustand deines Geistes, das äußerliche Bild eines inneren Zustands (T-21.Einl.1:1, 5).

Nun verstehen wir, weswegen jeder Teil-SOHN der mittleren Gruppe, da er solche Schuld und Angst verspürte, sich dazu brachte, die Verantwortung für die Trennung auf die dunkle Gruppe zu projizieren und in ihr das zu sehen, was er in sich als böse Sünde verurteilt hatte. Damit glaubte er, er sei anders und von den anderen Teil-SÖHNEN getrennt. Das erklärt auch, weswegen die mittlere Gruppe die Botschaft der LICHTWESEN nicht verstehen konnte. Das Gefühl, das HIMMELREICH verloren zu haben, und die damit einhergehende Verwirrung und Angst vor der chaotischen Leere, in der sie sich nun befand, nahmen ihr jegliche Klarheit. Und als das blanke Entsetzen die mittlere Gruppe überfiel, mußte sie jemand anderem die Schuld für die schmerzliche, trostlose Situation zuschieben, in der sie sich nun befand. Die dunkle Gruppe kam diesem Bedürfnis hervorragend entgegen, so daß sie nun zum Sündenbock wurde, auf dessen Schultern die volle Verantwortung für die Trennung geladen wurde.

Im Kurs werden wir ermahnt:

> Vergiß nicht, daß der Zeuge für die Welt des Bösen für nichts sprechen kann außer für das, was ein Bedürfnis für das Böse in der Welt gesehen hat. Genau dort ist es, wo deine Schuld zuerst gesehen wurde. Bei der Trennung von deinem Bruder wurde der erste Angriff auf dich selbst begonnen ... So sind die Illusionen allesamt entstanden. Derjenige, der sie macht, sieht sich nicht selbst als ihren Macher an, und ihre Wirklichkeit hängt nicht von ihm ab. Welche Ursache sie immer haben mögen, ist völlig unabhängig von ihm, und was er sieht, das ist getrennt von seinem Geist. Er kann die Wirklichkeit seiner Träume nicht anzweifeln, weil er die Rolle nicht sieht, die er dabei spielt, sie zu machen und wirklich scheinen zu lassen (T-27.VII.6:2-4; 7:6-9).

4

Die Entstehung der Welt: die Welt als Versteck

Die Wissenschaft des 20. Jahrhunderts hat große Fortschritte bei der Erforschung des Ursprungs und der Beschaffenheit des physischen Universums gemacht. Manche Kosmologen sind der Ansicht, sie könnten die gesamte Evolution – über Milliarden von Jahren – nachvollziehen, mit *Ausnahme* der allerersten Sekundenbruchteile vor dem Urknall, aus dem die Welt entstand. Nachfolgend versuchen wir, zu beschreiben, was vor und nach diesem Augenblick geschah.

In der Besprechung unseres Mythos sind wir bei der Projektion der Schuld von der mittleren Gruppe auf die dunkle Gruppe stehengeblieben, wodurch die erstere die letztere für das verantwortlich machte, was sie als die ungeheuerlichen Folgen des Trennungsgedankens empfand. Dieses Bedürfnis, die Schuld zu projizieren, bewirkte, daß die mittlere Gruppe sich den Absichten der dunklen Gruppe bei deren Experiment – dem Hervorbringen einer Welt als Ersatz für den HIMMEL – widersetzte.

Ebenso verhinderte dieses Bedürfnis, daß die mittlere Gruppe die Botschaft des Sich-nicht-Widersetzens verstand, die der HEILIGE GEIST als STIMME der LICHTgruppe ihnen zu bringen versuchte. Dadurch geriet die mittlere Gruppe in die paradoxe Lage, sich beiden Gruppen zu widersetzen, was das Trennungserlebnis nur verstärkte. Um dieses unglaubliche Dilemma noch weiter zu verschlimmern, löschte die mittlere Gruppe die Schuld, GOTT zum zweiten Mal verraten zu haben, aus ihrem Bewußtsein aus: Das erste Mal war dies geschehen, als sie einen Sekundenbruchteil lang den Trennungsgedanken als hypothetische Frage erwogen hatte: »Das ist ja interessant, ich bin neugierig, wie das wohl wäre?«, das zweite Mal, als sie die Verteidigung GOTTES und SEINES REICHES auf sich nahm und zu einem großen Kreuzzug aufrief, um sich der dunklen Gruppe, deren Mitglieder sie als die Bösen betrachtete, zu widersetzen und ihr Einhalt zu gebieten. Doch verleugnete sie die eigene Verantwortlichkeit, was ihr Erleben der Wirkungen jenes unwirklichen Trennungsgedankens anging, und erkannte oder begriff daher auch nicht, daß GOTTES Botschaft durch den HEILIGEN GEIST lautet: »Die Liebe widersetzt sich nicht. Verleihe dem Irrtum keine Wirklichkeit.« Und damit kehrten sie praktisch GOTT zum zweiten Mal den Rücken.

Nun wurden leider die Schlachtreihen aufgestellt, und durch die Opposition der mittleren Gruppe gegen den Oppositions*gedanken* der dunklen Gruppe wurde dem Irrtum Wirklichkeit verliehen, was zur Entstehung des wahrnehmbaren Universums führte. Die folgende Stelle aus dem Kurs erinnert an den Rat, den die LICHTgruppe angesichts solcher Kriegserklärungen wohl gegeben haben mochte – einen Rat jedoch, der weiterhin unbeachtet blieb:

> Jede Reaktion auf das Ego ist ein Aufruf zum Krieg, und Krieg entzieht dir unweigerlich den Frieden. Doch gibt es

> keinen Gegner in diesem Krieg. Dies ist die Neudeutung der Wirklichkeit, die du vornehmen mußt, um den Frieden zu sichern, und zwar die einzige, die du je vorzunehmen brauchst. Diejenigen, die du als Gegner wahrnimmst, sind Teil deines Friedens, den du dadurch aufgibst, daß du sie angreifst. Wie kannst du haben, was du aufgibst? (T-8.I.3:1-5)

Wie wir bereits im Mythos sahen, wollte die mittlere Gruppe nichts vom Frieden der LICHTWESEN wissen, sondern entgegnete der gedanklichen Projektion der dunklen Gruppe nach außen vielmehr durch die Absendung dessen, was sie für einen reinen Lichtgedanken *hielt*, ohne zu merken, daß sie sich innerlich bereits vom Gedanken der Dualität und der Trennung hatte anstecken lassen. Es war, als versuchte die mittlere Gruppe, die Infektion der dunklen Gruppe mit infizierten Händen zu heilen. Deshalb heißt es im Kurs: »Vertraue nicht deinen guten Absichten. Sie reichen nicht aus« (T-18.IV.2:1-2).

Ihr Mangel an Klarblick entstand, wie wir eben sahen, dadurch, daß sie jede Beihilfe zur Trennung sowie die Verantwortung dafür abgeleugnet hatte. Die Lage wurde durch ihr Bedürfnis, jegliche eigene Schuld zu verleugnen und sie auf die dunkle Gruppe zu projizieren, nur noch schlimmer. Also löste die erste Kampfrunde zwischen der mittleren und der dunklen Gruppe den Urknall und die Entstehung des Kosmos aus.

Hätte die mittlere Gruppe genau hier innehalten und die Bedeutung dessen, was sie nun sah, überdenken können, hätte sie sich nicht noch mehr in Antagonismus, Konflikt und Opposition verstrickt. Sie wäre einfach einen Schritt zurückgetreten, hätte »den Staub von den Füßen geschüttelt« und wäre zur LICHTgruppe übergewechselt.

Doch war die Anziehungskraft jener Opposition, wie wir schon sahen, außerordentlich stark und verhinderte, daß sie die STIMME der GEISTIGEN GESUNDHEIT oder VERNUNFT hörte.

Die VERNUNFT hätte der mittleren Gruppe gezeigt, daß das materielle Universum nie entstanden wäre, hätte sie sich dem, was sie als Absichten der dunklen Gruppe wahrnahm (die auch *ihren,* wenn auch zutiefst verleugneten Gedanken entsprachen), nicht widersetzt. Gerade der Widerstand gegen den Gedanken, einen Ersatz für den HIMMEL hervorzubringen, verlieh dem Gedanken Substanz und scheinbare Wirklichkeit. Ohne diesen Widerstand wäre der Gedanke der dunklen Gruppe für sich allein und ohne Wirkungen geblieben. Sowohl die dunkle *als auch* die mittlere Gruppe waren nötig, um die Welt hervorzubringen, da beide darin übereinstimmten, der Irrtum der Trennung sei wirklich. Daraufhin wurde er *für sie,* wie wir im letzten Kapitel sahen, »sowohl der Umsetzung als auch realer Wirkungen fähig« (T-27.VIII.6:3).

Die zweite, dritte und vierte Kampfrunde setzten in einem gegenläufigen Rhythmus ein, in dem das Mineral-, Pflanzen- und Tierreich entstanden. Wie wir im Mythos sahen, wurde bei der letzten und größten Projektion ein Geschöpf erzeugt, das »über die ganze Erde herrschen« (Gen 1,26) sollte. Hierbei änderte sich der Rhythmus, da die mittlere Gruppe diesen Gedanken zuerst aussandte, um der dunklen Gruppe die Kontrolle über das bereits Hervorgebrachte zu entreißen. Deswegen hängt die mittlere Gruppe so an allem Menschlichen und dem Körper, identifiziert sich damit und stellt sich schützend davor. Der Körper wird sogar zu einem Hauptmittel, das uns in dieser Welt gefangenhält, wie wir weiter unten sehen werden.

Wir stellen also fest, daß sich die Gedanken der Trennung – Angst, Haß und Angriff – zu einer Form verfestigten, die wir Materie nennen, und eine Welt der Angst, des Hasses und des Angriffs entstehen ließen. Diese Welt war eindeutig das Gegenteil von GOTTES REICH, dessen strahlende Herrlichkeit die mittlere Gruppe verleugnen mußte, wenn die Illusion dessen, was sie vollbracht hatte, aufrechterhalten werden sollte. Im Kurs werden wir gefragt, wie auch die LICHTgruppe die mittlere Gruppe fragte:

> Sieh dir das Reich an, das du gemacht hast, und beurteile seinen Wert gerecht. Ist es würdig, die Wohnstatt für ein Kind GOTTES zu sein? Schützt es seinen Frieden, und leuchtet es Liebe auf es? Bewahrt es sein Herz unberührt von Angst, und erlaubt es ihm, immerfort und ohne jedes Verlustgefühl zu geben? Lehrt es es, daß dieses Geben seine Freude ist und daß GOTT SELBST ihm für sein Geben dankt? Das ist die einzige Umgebung, in der du glücklich sein kannst. Du kannst sie ebensowenig machen, wie du dich selber machen kannst. Sie wurde für dich erschaffen, wie du für sie erschaffen wurdest. GOTT wacht über SEINE Kinder und verweigert ihnen nichts. Doch wenn sie IHN verleugnen, erkennen sie das nicht, weil sie sich selbst alles verweigern. Du, der du allem, was du siehst und berührst und woran du dich erinnerst, die LIEBE GOTTES schenken könntest, verweigerst dir selbst buchstäblich den HIMMEL (T-7.XI.3).

Im Zustand nach der Trennung gilt, wie es im Kurs heißt: »Alles Denken bringt Form auf irgendeiner Ebene hervor« (T-2.VI.9:14), weil der Trennungsgedanke ebendies bezweckte. Daher sollten wir uns nicht wundern, daß die Formlosigkeit des HIMMELS in Form gebracht wurde. Zudem ist der Inhalt der Formlosigkeit des HIMMELS Liebe, während der Inhalt der Form aus Angst, Haß, Angriff und

Opposition besteht, nämlich allen Eigenschaften des Zustands nach der Trennung. Kurz zusammengefaßt, heißt es im Kurs: »Die Welt wurde als Angriff auf GOTT gemacht« (Ü-II.3.2:1), und zwar buchstäblich. Diese Tatsache wurde aber außer bei den LICHTWESEN aus dem Bewußtsein ausgelöscht. Das wird besonders bei der mittleren Gruppe deutlich, die die Rolle des Verteidigers der Wahrheit auf sich nahm.

Wir können uns wohl fragen, weshalb es im Kurs heißt: »Die Welt wurde als Angriff auf GOTT gemacht.« Wenn die LIEBE unsere WIRKLICHKEIT ist, dann stellt der Wunsch, von dieser LIEBE getrennt zu sein, nicht nur eine Verleugnung dessen dar, wer wir sind, sondern ist auch ein Angriff auf die LIEBE selbst. Da die LIEBE von GOTT kommt und das Wesen des HIMMELREICHES ist, muß die Trennung ebenfalls ein Angriff auf IHN sein. Unsere Identifikation mit der Welt und Investition in sie haben unsere objektive Sicht in dieser Frage getrübt und uns davon abgehalten, den wahren Ursprung des wahrnehmbaren Universums aufzudecken. Durch alle Zeitalter hindurch sind wir dieser Frage geschickt aus dem Weg gegangen, haben GOTT das Hervorbringen der Welt in einem Selbsttäuschungsmanöver zugeschrieben und die Verantwortung für ihren Ursprung und ihre Beschaffenheit auf IHN projiziert. Denken Sie an die ursprüngliche Absicht der dunklen Gruppe, die »das Unendliche endlich, das Grenzenlose begrenzt und das Abstrakte konkret machen« wollte. Das ist ganz eindeutig ein Angriff, der dann durch die Opposition der mittleren Gruppe noch verstärkt wurde. Im Kurs wird eine erschütternde Beschreibung dessen gegeben, was bei der Trennung geschah:

> Du, der du glaubst, daß GOTT Angst ist, hast nur einen einzigen Ersatz vorgenommen. Dieser hat viele Formen

angenommen, weil er das Ersetzen der Wahrheit durch die Illusion, der Ganzheit durch die Fragmentierung war. Er hat sich derart aufgesplittert, unterteilt und immer wieder aufgeteilt, daß jetzt beinahe nicht mehr wahrgenommen werden kann, daß er einmal eins war und nach wie vor das ist, was er war. Dieser eine Irrtum, der die Wahrheit der Illusion, die Unendlichkeit der Zeit und das Leben dem Tod überbracht hat, war das einzige, was du je gemacht hast. Deine gesamte Welt beruht darauf. Alles, was du siehst, spiegelt ihn wider, und jede besondere Beziehung, die du je gemacht hast, ist Teil davon.

Es mag dich überraschen zu hören, wie sehr die Wirklichkeit sich von dem unterscheidet, was du siehst. Du bemerkst das Ausmaß dieses einen Irrtums nicht. Er war so riesig und so völlig unglaubwürdig, daß aus ihm eine Welt der totalen Unwirklichkeit hervorgehen *mußte.* Was sonst konnte daraus entstehen? Seine fragmentierten Aspekte sind angsterregend genug, wenn du sie nur erst anzusehen beginnst. Doch nichts, was du gesehen hast, beginnt dir die Ungeheuerlichkeit des ursprünglichen Irrtums zu zeigen, der dich aus dem HIMMEL zu vertreiben, die Erkenntnis in bedeutungslose Stücke unverbundener Wahrnehmungen zu zerschlagen und dich zu zwingen schien, weitere Ersetzungen vorzunehmen.

Das war die erste Projektion des Irrtums nach außen (T-18.I.4:1-6:1).

Bisher haben wir nur davon gesprochen, wie der Raum durch den Fehler der Projektion des Trennungsgedankens nach außen entstand. Die Zeit ist jedoch ein ebenso wichtiger Bestandteil im Plan des Ego gegen GOTT und eigentlich dasselbe, wie aus dem folgenden Zitat ersichtlich wird:

> Denn Zeit und Raum sind *eine* Illusion [der Trennung], die verschiedene Formen annimmt. Wenn sie über deinen Geist hinausprojiziert ist, denkst du, sie sei Zeit. Je näher sie dorthin gebracht wird, wo sie ist, desto eher stellst du sie dir in räumlichen Begriffen vor (T-26.VIII.1:3-5).

Genauso, wie die scheinbare Unendlichkeit des physischen Universums gemacht wurde, um die wahre Unendlichkeit des HIMMELS nachzuahmen, wurde die scheinbar endlose Spanne Zeit der Evolution ebenfalls dazu gemacht, um die Ewigkeit nachzuahmen. Wenn man jedoch die raumzeitliche Welt, die wir gemacht haben, mit dem wahren Glanz des Unendlichen und Ewigen – GOTT und CHRISTUS – vergleicht, tritt in der Fehlschöpfung des Ego nur eine grausame Parodie und verächtliche Travestie der Wahrheit zutage.

Darüber hinaus ist der Glaube an die Realität der Zeit zur vollkommenen Ego-Abwehr gegen die Tatsache geworden, daß die Zeit vorbei ist. Im Kurs wird, wie wir gleich sehen werden, betont, daß GOTT den HEILIGEN GEIST in dem Augenblick, in dem der Trennungsgedanke auftauchte, erschuf und damit *den Irrtum berichtigte und aufhob*. Somit war die Zeit im selben Augenblick vorbei, in dem sie anzufangen schien. Im Kurs wird dies so erklärt:

> Du, der du nach wie vor glaubst, in der Zeit zu leben, und nicht erkennst, daß sie vergangen ist, dich lenkt der HEILIGE GEIST noch immer durch das endlos kleine und sinnlose Labyrinth, das du noch in der Zeit wahrnimmst, obgleich sie lange schon vergangen ist. Du glaubst in dem zu leben, was vergangen ist. Jedes Ding, auf das du schaust, sahst du nur einen Augenblick, vor langer Zeit, bevor seine Unwirklichkeit der Wahrheit Platz gemacht hat. Nicht eine Illusion bleibt in deinem Geist noch ohne Antwort. Die Un-

> gewißheit wurde der Gewißheit vor so langer Zeit überbracht, daß es fürwahr schwerfällt, in deinem Herzen daran festzuhalten, als läge sie noch vor dir.
> Der winzig kleine Augenblick, den du behalten und verewigen möchtest, ist im HIMMEL viel zu schnell vergangen, als daß irgend etwas hätte merken können, daß er gekommen war. Das, was zu schnell verschwand, um die einfache Erkenntnis des GOTTESSOHNES zu berühren, kann kaum noch da sein, damit du es zu deinem Lehrer wählen kannst. Nur in der Vergangenheit – einer uralten Vergangenheit, zu kurz, um eine Welt als Antwort auf die Schöpfung zu machen – schien diese Welt sich zu erheben. Vor derart langer Zeit, für eine derart winzig kleine Spanne Zeit, daß nicht eine Note im Lied des HIMMELS ausgelassen wurde (T-26.V.4:1-5:4).

Hier wird – wie wahrscheinlich in keinem anderen Teil des Ego-Systems – deutlich, welche Macht dem Wahnsinn der Welt innewohnt, die eine lange schon vergangene Dimension der Erfahrung aufrechterhält. Vergangenheit, Gegenwart und Zukunft sind nichts weiter als die scheinbar unendliche Wiederholung jenes uralten Augenblicks, *der bereits vorbei ist*.

> Hingegen wird in jedem Akt oder Gedanken ohne Vergebung, in jedem Urteil und in jedem Glauben an die Sünde dieser eine Augenblick noch immer zurückgerufen, als könne er noch einmal in der Zeit gemacht werden. Du hältst dir eine uralte Erinnerung vor Augen …
> Jeden Tag – jede Minute eines jeden Tages und jeden Augenblick, den jegliche Minute birgt – durchlebst du nur erneut den einen Augenblick, in dem die Zeit des Schreckens den Platz der Liebe einnahm. So stirbst du jeden Tag, um

> neu zu leben, bis du den Graben zwischen der Vergangenheit und Gegenwart überquerst, der überhaupt kein Graben ist. Und solcherart ist jedes Leben: ein scheinbares Intervall von der Geburt zum Tod und wieder hin zum Leben, die Wiederholung eines lange schon vergangenen Augenblicks, der nicht wiedererlebt werden kann. Und alle Zeit ist nur der verrückte Glaube, daß das, was vorbei ist, noch immer hier und jetzt ist (T-26.V.5:5-6; 13:1-4).

Der Kurs selbst legt sich hinsichtlich der Frage der Reinkarnation nicht endgültig fest, weil viele illusionäre Geburten dasselbe sind wie eine einzige und die Erlösung nur in der Dimension der Zeit möglich ist, in der wir zu sein vermeinen. Textstellen wie die eben zitierte jedoch deuten offenbar darauf hin, daß wir innerhalb der Illusion der Zeit immer wieder jenen Schreckensaugenblick der Trennung erleben wollen, bis wir endlich die Entscheidung treffen, aus diesem sich ständig wiederholenden Alptraum aufzuwachen und dem Reich der Zeit zugunsten der Ewigkeit den Rücken zuzukehren. Erst dann können wir die Worte aus dem Kurs wahrhaft verstehen: »Du bist am Ende einer uralten Reise angelangt und merkst noch nicht, daß sie vorüber ist (T-18.VIII.13:1).

Das, was den Schleier entzweireißt, der das Antlitz der grausigen Verwüstung verdeckt, ist die Einsicht, daß der Tod, wie im Kurs beschrieben, »der zentrale Traum [ist], aus dem alle Illusionen stammen« (H-27.1:1). Denn was ist das Vergehen der Zeit anderes als der Rahmen für den unvermeidlichen Verlust dessen, was wir in unserer Arroganz Leben genannt haben?

> Ist es nicht Verrücktheit, vom Leben zu denken, daß es geboren wird, altert, seine Vitalität verliert und am Ende

> stirbt? ... Es ist der eine starre, unveränderbare Glaube der Welt, daß alle Dinge in ihr geboren werden, nur um zu sterben. Dies wird als der »Lauf der Natur« angesehen, ... als das »natürliche« Gesetz des Lebens (H-27.1:2, 4-5).

> Das, was das Gegenteil des Lebens zu sein scheint, schläft bloß. Beschließt der Geist, zu sein, was er nicht ist, und eine fremde Macht, die er nicht hat, sich anzueignen, einen fremden Zustand, in den er nicht eingehen kann, oder eine falsche Verfassung, die nicht innerhalb von seiner QUELLE ist, dann scheint er nur für eine Weile einzuschlafen. Er träumt von Zeit, von einem Intervall, in dem das, was sich zu ereignen scheint, nie vorgefallen ist, herbeigeführte Änderungen substanzlos sind und alle Ereignisse nirgendwo. Erwacht der Geist, fährt er nur weiter fort, wie er immer war (Ü-I.167.9).

Wie wir im Mythos feststellten, erhebt die Zerstörbarkeit aller »erschaffenen Dinge« das Ego in seinem Wahnsinn über GOTT, DER keine »Macht« hat, das Leben, das er schuf, zu nehmen. Wie hervorragend erfüllt doch die Welt den Zweck des Ego, indem sie das genaue Gegenteil des HIMMELS ist! So kommt es, daß wir jedes Mal, wenn wir irgendeinen Aspekt dieser Welt in unserem Geist wahr machen, sei es als Auslöser für Lust oder Schmerz, nur den wahnsinnigen Glauben verstärken, daß das Unmögliche vollbracht wurde und wirkliche Folgen zeitigt. Einmal mehr haben wir dem Irrtum Wirklichkeit verliehen, und damit springt uns unsere Sünde gegen unsere liebende QUELLE ständig in die Augen. Die Schuld, die wir für das empfinden, was wir getan zu haben glauben, kreischt erbarmungslos: »Du bist unwürdig, von GOTT geliebt und in SEIN REICH heimgeholt zu werden!« Dieses tiefinnere Gefühl des

Unwertseins scheint es uns somit auf ewig unmöglich zu machen, die liebevolle Antwort des HEILIGEN GEISTES auf diesen verrückten Glauben anzunehmen.

Im Mythos wird dieses Prinzip der Schuld und ihrer Macht durch das Unvermögen der Sprecherin charakterisiert, zur LICHTgruppe zurückzukehren, weil ihre eigene Unwürdigkeit so sehr Besitz von ihrem Geist ergriffen hatte. Das nennt der Kurs die »Anziehungskraft der Schuld«, und damit hält das Ego den Geist gefangen und stellt die Fortdauer unseres Glaubens an die Existenz des Ego sicher.

5

Die erste Ebene: Gott oder das Ego

Das kosmische Drama, in dem GOTT und das Ego sich einen ewigen Kampf um die Vorherrschaft zu liefern scheinen, bezeichnen wir als Ebene I. Zu dieser Ebene gehören sämtliche bisher besprochenen metaphysischen Aussagen, die sich sowohl auf die Wahrheit GOTTES und SEINES HIMMELS als auch auf den Ursprung und die Beschaffenheit der illusionären Welt beziehen. GOTT und das Ego, der HIMMEL und die Erde, Wahrheit und Illusion sind einander gegenseitig ausschließende Zustände, und es gibt keinen Ort, an dem sie sich begegnen könnten. Die praktische Lehre der Vergebung hingegen gehört zur Ebene II. Im Kurs selbst werden diese beiden Ebenen nicht ausdrücklich erwähnt; dennoch bewegt sich dessen Botschaft in diesem Rahmen. Wir wollen dieses Modell daher auf das vorliegende Buch anwenden. In der Abbildung im Anhang sind Ebene I und II sowie der Zusammenhang zwischen ihnen festgehalten.

Im Kurs heißt es, GOTT habe in dem Augenblick, in dem der Gedanke der Trennung aufkam, SEINE ANTWORT gegeben, und diese ist der HEILIGE GEIST:

> In dem Augenblick, in dem die Idee der Trennung in den Geist des SOHNES GOTTES eintrat, in jenem selben Augenblick wurde GOTTES ANTWORT gegeben (H-2.2:6).

In der Sprache unseres Mythos heißt das, daß die Zellophanschicht – die einen Teil der SOHNSCHAFT darstellt – als sie sich löste und aus dem HIMMEL fortzuschweben schien, die Erinnerung an die LIEBE GOTTES mitnahm. Diese Erinnerung ist der HEILIGE GEIST, DER als STIMME FÜR GOTT stets im Geist SEINES schlafenden SOHNES anwesend ist. Er gibt unablässig Antwort auf den Trennungsgedanken des Ego, der sich ebenfalls im Geist des schlafenden SOHNES befindet. Wie wir sahen, ist der HEILIGE GEIST die STIMME der Gruppe der LICHTWESEN.

Das Ego empfindet die Anwesenheit des HEILIGEN GEISTES keineswegs als Trost. Vielmehr erblickt es in IHM eine aufdringliche Bedrohung, DIE dem Geist des schlafenden SOHNES die völlig konträre Botschaft der SÜHNE bringt. Diese Botschaft besagt, daß die Trennung nie wirklich geschehen und nichts weiter als ein illusionärer Traum ist. Im Kurs wird dies folgendermaßen zusammengefaßt:

> *Nichts Wirkliches kann bedroht werden.*
> *Nichts Unwirkliches existiert.*
> Hierin liegt der Frieden GOTTES (T-Einl.2:2-4).

Im Glaubenszustand nach der Trennung bleibt uns nur noch die Wahl, Geisel des Ego oder GOTTES Gastgeber zu sein, indem wir auf SEINE STIMME – den HEILIGEN GEIST – hören. Wenn der schlafende Geist des SOHNES jedoch auf die »stille sanfte STIMME« (T-21.V.1:6) hört, wird er aus dem Traum der Trennung erwachen, und es wird kein Ego mehr geben:

> GOTTES GEDANKEN sind für das Ego nicht annehmbar, weil sie deutlich auf die Nichtexistenz des Ego selbst hinweisen (T-4.V.2:2).

Das Ego muß also etwas unternehmen, um das zu vermeiden, was es für seine Vernichtung hält.

Zwar kann es GOTTES liebevolle STIMME nicht im offenen Kampf besiegen, aber es kann diese liebevolle Macht dennoch dadurch aufheben, daß es SIE in etwas anderes verwandelt. Das Ego packt den schlafenden SOHN bei seiner Schuld und überzeugt ihn davon, daß der HEILIGE GEIST der rächende Bote des zornigen GOTTES und finster entschlossen ist, den SOHN zu zerstören. Daher heißt es:

> So wird die SÜHNE nun zum Mythos, und Rache ist der WILLE GOTTES, nicht Vergebung. Von dort aus, wo das alles seinen Anfang nimmt, ist keine Hilfe, die gelingen kann, in Sicht. Das Ergebnis kann nur Zerstörung sein. Und GOTT SELBST scheint dafür einzutreten, um über SEINEN SOHN zu siegen (T-23.II.8:2-5).

Von den Lügen des Ego vollends getäuscht, hört der schlafende SOHN nun auf das Ego, das jetzt sein Mentor und »Erlöser« wird, und versucht, dem HEILIGEN GEIST zu entkommen. Das Ego drängt den SOHN, den inzwischen zum Schlachtfeld gewordenen Geist, auf dem der SOHN zerstört würde, zu verlassen und vor dem HEILIGEN GEIST zu fliehen. Damit rät uns das Ego, buchstäblich »geistlos« zu werden. So werden wir im Kurs immer wieder daran erinnert, daß das gesamte Ego-Denksystem wahnsinnig ist.

Dieses »Verlassen des Geistes« entspricht psychologisch der Projektion, wobei das, was im Geist war, nun außerhalb desselben gesehen wird. Erinnern Sie sich: Im gespaltenen Geist befand sich der Trennungsgedanke; dieser wird nun nach außen projiziert, und das, was jetzt als außerhalb des Geistes wahrgenommen wird, ist dieser Gedanke, der Gestalt angenommen hat: eine getrennte Welt der Materie, in der die Trennung des Ego zutage tritt. So wird das Machen oder Fehl-Erschaffen der Welt im Kurs beschrieben; dieses entspricht, wie wir sahen, der wissenschaftlichen Urknallhypothese der Entstehung des Universums.

Das gesamte materielle Universum wird im Kurs demnach als Abwehr verstanden, als eine fehl-erschaffende Herausforderung des Ego, mit der es sich vor seinem eigenen angsterregenden und erfundenen GOTTESbild schützen will:

> Der Grundkonflikt in dieser Welt ist also jener zwischen Schöpfung und Fehlschöpfung. Alle Angst ist in der letzteren enthalten und alle Liebe in der ersteren. Der Konflikt ist demnach ein Konflikt zwischen Liebe und Angst (T-2.VII.3:13-15).

Diese Erklärung des Kurses steht eindeutig im Gegensatz zur jüdisch-christlichen Auffassung, der zufolge die Welt GOTTES Schöpfung ist.

> Die Welt, die du siehst, ist eine Illusion von einer Welt. GOTT hat sie nicht erschaffen, denn das, was ER erschafft, muß so ewig sein wie ER SELBST. Doch gibt es nichts in der Welt, die du siehst, das ewig währen wird. Einige Dinge werden in der Zeit ein wenig länger dauern als andere. Doch die Zeit wird kommen, in der alle sichtbaren Dinge ein Ende haben werden (B-4.1).
>
> All das, was ewig *scheint*, das wird ein Ende haben. Die Sterne werden schwinden, und Nacht und Tag, sie werden

> nicht mehr sein. Alles, was kommt und geht: Gezeiten, Jahreszeiten und die Menschenleben, alle Dinge, die sich mit der Zeit verändern, blühen und dann welken, werden nicht wiederkehren. Wo die Zeit ein Ende setzte, dort ist nicht das Ewige (T-29.VI.2:7-10).

Um diesen Punkt noch stärker hervorzuheben, wird im Kurs zwischen dem Geist, den GOTT *erschuf*, und der Welt, die vom Ego *gemacht wurde*, unterschieden:

> Seit der Trennung sind die Worte »erschaffen« und »machen« verwechselt worden ... Das Ego ist der fragende Aspekt des Selbst nach der Trennung, das gemacht und nicht erschaffen wurde (T-3.V.2:1; IV.3:1).

> Der HEILIGE GEIST und das Ego sind die einzigen Entscheidungsmöglichkeiten, die dir offenstehen. GOTT hat die eine erschaffen, somit kannst du sie nicht austilgen. Du hast die andere gemacht, somit kannst du sie tilgen. Nur das, was GOTT erschaffen hat, ist unumstößlich und unveränderlich. Was du gemacht hast, läßt sich immer ändern ... (T-5.V.6:8-12).

Der Kurs ist in diesem Kernpunkt, daß GOTT die physische Welt nicht erschaffen hat, ganz eindeutig und läßt keinen Kompromiß zu, ohne das gesamte Denksystem unwirksam zu machen. Die kompromißlose Haltung, die der Kurs hinsichtlich der Unverfälschtheit seiner Lehre einnimmt, kommt in der folgenden Stelle klar zum Ausdruck:

> Dieser Kurs wird ganz oder gar nicht geglaubt. Denn er ist ganz wahr oder ganz falsch, und man kann ihn nicht nur teilweise glauben. Entweder entrinnst du dem Elend ganz

> oder gar nicht. Die Vernunft wird dir sagen, daß es kein Mittelfeld gibt, wo du unentschlossen innehalten und damit warten kannst, die Wahl zwischen der Freude des HIMMELS und dem Elend der Hölle zu treffen. Solang du nicht den HIMMEL wählst, *bist* du in der Hölle und im Elend (T-22.II.7:4-8).

Um den Gedankengang des Ego nochmals zu wiederholen: Das Ego wollte sich in einer materiellen Welt verbergen, die es hervorbringen mußte, um sich verstecken zu können, weil es einsah, daß es die Macht des HEILIGEN GEISTES in seinem Geist nicht überwinden konnte. Zu seinem Fluchtplan vor GOTT gehörte auch, daß es sich immer wieder aufteilte, als es eine materielle Gestalt annahm, als hoffe es, Sicherheit in einer Vielzahl von Fragmenten zu erlangen, die des HEILIGEN GEISTES Macht in seinem Geist verringern würden.

Der biblische Mythos von Adam und Eva liefert eine interessante Parallele zu den Darlegungen des Kurses, wenn wir GOTT als Hauptdarsteller durch das Ego ersetzen. Im Kurs heißt es:

> Das Paradies oder der Zustand vor der Trennung war ein Geisteszustand, in dem nichts benötigt wurde. Als Adam auf die »Lügen der Schlange« hörte, war alles, was er hörte, Unwahrheit … Was man in Träumen sieht, erscheint sehr wirklich. Indessen heißt es in der Bibel, daß ein tiefer Schlaf auf Adam fiel, und nirgends findet sich ein Hinweis auf sein Erwachen …
>
> Alle Angst läßt sich letztlich auf die grundlegende Fehlwahrnehmung zurückführen, daß du die Fähigkeit hast, GOTTES Macht zu usurpieren … Erst nachdem der tiefe Schlaf auf Adam gefallen war, konnte er Alpträume haben (T-2.I.3:1-2, 5-6; 4:1, 5).

> GOTT glaubt nicht an Vergeltung. SEIN GEIST erschafft nicht so … Diese Art Irrtum ist für eine ganze Reihe damit verbundener Irrtümer verantwortlich, einschließlich des Glaubens, daß GOTT Adam zurückwies und ihn aus dem PARADIES verstieß (T-3.I.3:4-5, 9).

Nicht GOTT war es, DER Adam strafen wollte, indem er ihn aus dem HIMMEL verstieß, sondern die Dreistigkeit des Ego, das dem schlafenden SOHN einredete, er würde in der Welt, die das Ego gemacht hatte, sicher sein, und nicht in der, die GOTT erschaffen hatte. Aus seiner Sicht fühlte sich das Ego zwar zu Recht bedroht. Doch braucht der SOHN nicht auf seine Stimme zu hören. Im Kurs werden wir ermahnt: »Du brauchst nicht weiterhin zu glauben, was nicht wahr ist, es sei denn, du entscheidest dich dazu« (T 2.I.3:3). Doch wir greifen vor.

Das materielle Universum – zu dem im Kurs *sämtliche* Universen zählen – dient also dem Zweck des Ego, die WIRKLICHKEIT vor dem SOHN zu verbergen. Es ist eine Nebelwand, die außerdem noch eine Tarnung ist, hinter der man sich verstecken kann. Das Ego sagt uns, wir würden uns vor GOTT verstecken. Tatsächlich aber macht es uns die Welt möglich, uns vor unserer Schuld zu verstecken. Anschließend an die Kursstelle über das Hervorbringen der Welt, die wir im letzten Kapitel zitierten, wird dieser Zusammenhang wie folgt beschrieben:

> Die Welt entstand, um ihn [den ursprünglichen Irrtum] zu verbergen, und sie wurde zur Leinwand, auf die er projiziert und zwischen dich und die Wahrheit gezogen wurde. Denn die Wahrheit dehnt sich nach innen aus, wo die Idee von Verlust bedeutungslos und nur Mehrung vorstellbar ist. Findest du es wirklich seltsam, daß eine Welt, in der al-

> les verkehrt und auf den Kopf gestellt ist, aus dieser Projektion des Irrtums entstanden ist? Es war unvermeidlich. Denn die Wahrheit, diesem überbracht, konnte nur still im Inneren bleiben und nicht an der ganzen wahnsinnigen Projektion teilnehmen, durch die diese Welt gemacht ward. Nenne ihn nicht Sünde, sondern Wahnsinn, denn das war er, und das bleibt er nach wie vor. Statte ihn nicht mit Schuld aus, denn Schuld besagt, daß er in Wirklichkeit vollbracht wurde (T-18.I.6:2-8).

Den krönenden Abschluß des Plans, mit dem das Ego dem HEILIGEN GEIST entgehen will, bildet das Hervorbringen des Körpers:

> Der grundlegende Wunsch des Ego ist, GOTT zu ersetzen. Tatsächlich ist das Ego die physische Verkörperung dieses Wunsches. Denn dieser Wunsch ist es, der den Geist mit einem Körper zu umgeben scheint, der ihn getrennt hält und allein sein läßt sowie unfähig, einen anderen Geist anders als durch den Körper zu erreichen, der gemacht ward, um ihn einzusperren (Ü-I.72.2:1-3).

Der Körper – die Verkörperung des Ego – überzeugt den SOHN davon, daß die physische Welt wirklich ist. Doch wurde der Körper innerhalb des Egoplans eigens dazu gemacht, die WIRKLICHKEIT zu verbergen, und deshalb kann er kaum ein verläßlicher Zeuge sein. Im Rahmen einer längeren Kursstelle, in der die Rolle der Welt und des Körpers als »Schutz« vor unserer Schuld beschrieben wird, heißt es:

> Von der Welt der Körper, gemacht vom Wahnsinn, scheinen wahnsinnige Botschaften dem Geist zurückgegeben zu werden, der sie gemacht hat. Und diese Botschaften

> legen Zeugnis ab von dieser Welt und erklären sie für wahr ... Alles, was dir diese Botschaften übermitteln, ist völlig äußerlich. Es gibt keine Botschaften, die von dem sprechen, was darunter liegt, denn es ist nicht der Körper, der davon sprechen könnte. Seine Augen nehmen es nicht wahr, seine Sinne bleiben dessen völlig unbewußt, seine Zunge kann dessen Botschaften nicht übermitteln (T-18.IX.3:1-2, 4-6).

Überlegen wir einmal: Was außer dem Körper besagt klar und deutlich, daß die Trennung Tatsache ist? Was außer dem Körper bezeugt, daß die Wahrheit (der reine Geist) nicht existiert, weil sie unsichtbar ist, Illusionen (die Materie) hingegen sehr wohl existieren, weil man sie sehen kann?

> Als du das sichtbar machtest, was nicht wahr ist, wurde das, was wahr *ist*, für dich unsichtbar (T-12.VIII.3:1).

Was sagt uns, daß es außerhalb von uns eine Welt gibt, die man sehen, hören, schmecken, riechen und fühlen kann; was beurteilt, was schön und was häßlich ist; und was nimmt Trennung in und außerhalb von sich wahr, wenn nicht der Körper! Unsere Sinnesorgane übermitteln dem Gehirn Botschaften von einer »Außenwelt«, und dieses deutet sie als verschiedene Abbildungen der sogenannten realen Welt. Dennoch heißt es im Kurs, der Körper sei das einzige Ding in der ganzen Welt, das *nicht* weiß, was die Wirklichkeit ist:

> Der Körper kann nicht erkennen. Und solange du dein Gewahrsein auf seine winzigen Sinne begrenzt, siehst du die Größe nicht, die dich umgibt (T-18.VIII.2:1-2).

Sämtliche Unternehmungen, Situationen und Ereignisse im Laufe der Menschheitsgeschichte waren demnach aus dieser Sicht Versuche der mittleren Gruppe, die falsche Identifikation mit dem Fehl-Erschaffenen aufrechtzuerhalten.

> Die Fähigkeit, wahrzunehmen, ermöglichte den Körper, weil du *etwas* und *mit* etwas wahrnehmen mußt (T-3.IV.6:1).

Und dieses fehl-erschaffene Selbst (diesen »vorübergehenden Fremden«) bitten wir, uns zur Einsicht zu verhelfen, wer wir sind:

> Frage diesen vorübergehenden Fremden nicht: »Was bin ich?« Er ist das einzige Ding im ganzen Universum, das es nicht erkennt. Trotzdem fragst du gerade ihn, und seine Antwort ist es, an die du dich anpassen möchtest ... An ihn wendest du dich, um nach der Bedeutung des Universums zu fragen. Und das eine blinde Ding im ganzen sehenden Universum der Wahrheit fragst du: »Wie soll ich den GOTTESSOHN betrachten?« (T-20.III.7:5-7, 9-10)

Später im Kurs wird der Wahnsinn dieses Traums der Welt folgendermaßen beschrieben:

> Das Träumen der Welt nimmt viele Formen an, weil der Körper auf verschiedene Arten zu beweisen sucht, daß er autonom und wirklich ist. Er streift Dinge über, die er mit kleinen Scheiben von Metall oder Schnipseln von Papier erstanden hat, die die Welt als wertvoll und wirklich erklärt. Er arbeitet, um diese zu bekommen, indem er sinnlose Dinge tut, und wirft sie für sinnlose Dinge weg, die er

> nicht braucht und nicht einmal haben will. Er stellt andere Körper an, damit sie ihn schützen und noch mehr sinnlose Dinge für ihn anhäufen, die er sein eigen nennen kann. Er sieht sich nach besonderen Körpern um, die seinen Traum mit ihm teilen können. Manchmal träumt er, er sei ein Eroberer von Körpern, die schwächer sind als er. In einigen Traumphasen aber ist er ein Sklave von Körpern, die ihn verletzen und ihn foltern (T-27.VIII.2).

> Was ist die Welt denn als ein kleiner Graben, der wahrgenommen wird, als reiße er die Ewigkeit entzwei und teile sie in Tage, Monate und Jahre? Und was bist du, der du in der Welt lebst, denn anderes als ein Bild des GOTTESSOHNES in zerbrochenen Stücken, von dem ein jedes in einem abgetrennten und ungewissen Stückchen Lehm verborgen ist? (T-28.III.7:4-5).

Zusammenfassend kann man also sagen, daß auf der ersten Ebene die WIRKLICHKEIT des HIMMELS der von uns gemachten Illusion der Hölle gegenübergestellt wird. Auf dieser Ebene läßt der Kurs keinen Kompromiß zwischen den beiden zu, denn beide können nicht zugleich wahr sein. Die Wirklichkeit des einen leugnet die Existenz des anderen; im Kurs heißt es, daß wir nicht ein wenig Hölle im HIMMEL und auch nicht ein wenig HIMMEL in der Hölle haben können. Diese metaphysische Grundaussage bildet das Fundament der Lehre des Kurses über die Vergebung.

Das Ego versucht, den Unterschied zwischen der Wahrheit des HIMMELS und der Illusion der Welt zu verschleiern, um damit sein Ziel zu erreichen, das Problem des Ego vor GOTTES ANTWORT fernzuhalten. Das Problem, auf das GOTT den HEILIGEN GEIST als ANTWORT erschuf, ist der Glaube an die Wirklichkeit des Traums in unserem Geist. Durch seinen Auszug aus dem Geist gelingt es dem Ego, die STIMME des HEILIGEN GEISTES zu vernebeln. Die Welt und all ihre Probleme, die unsere Aufmerksamkeit erfordern, lenken uns somit von unserem eigentlichen Problem ab: dem Glauben an die Welt und an die Trennung, die sie hervorbrachte. Nicht nur das HIMMELREICH ist im Inneren, sondern auch das Reich des Ego. Im Kurs wird dieser Teil des Egoplans wie folgt zusammengefaßt:

> Ein Problem kann nicht gelöst werden, wenn du es nicht erkennst ... In dieser Situation befindet sich die Welt. Das Problem der Trennung, das in Wirklichkeit das einzige Problem ist, ist bereits [durch den Heiligen Geist] gelöst. Und dennoch wird die Lösung nicht erkannt, weil das Problem nicht erkannt ist.
> Diese ganze Komplexität [der Probleme der Welt] ist bloß ein verzweifeltes Bemühen, das Problem nicht zu erkennen und es deshalb nicht lösen zu lassen (Ü-I.79.1:1, 3-5; 6:1).

Bevor wir uns der Betrachtung der Antwort – der Vergebung des HEILIGEN GEISTES – zuwenden können, müssen wir uns allerdings noch mit der Funktionsweise des gespaltenen und getrennten Geistes befassen, wie sie in dieser Welt der Träume zutage tritt. Jedes Fragment der SOHNSCHAFT birgt die unheilige Dreifaltigkeit von Sünde, Schuld und Angst in sich, die wir als Grundbestandteile des ursprünglichen Ego – des SOHNES GOTTES, der eingeschlafen war – beschrieben. Somit enthält jeder scheinbar getrennte Teil – die individuellen falschen Selbste (oder Persönlichkeiten), mit denen wir uns identifizieren – bewußt oder unbewußt den ursprünglichen Glauben an Sünde, Schuld und Angst.

6

Die zweite Ebene: die unheilige Dreifaltigkeit – Sünde, Schuld und Angst

Wenn wir uns im Lauf des Lebens sowohl in unserer Entwicklung als auch im Alltag vielerlei Herausforderungen und Veränderungen stellen müssen, ist es nicht sehr praktisch oder hilfreich, gesagt zu bekommen, die Welt und der Körper, mit dem wir uns so sehr identifizieren und in den wir so viel investieren, seien nichts als Illusionen und das Ergebnis eines irreführenden Denksystems. In *Ein Kurs in Wundern* wird jedoch immer wieder betont, wie praxisnah er ist. So heißt es etwa:

> Der Körper ist lediglich Teil deiner Erfahrung in der physischen Welt … Allerdings ist es fast unmöglich, seine Existenz in dieser Welt zu verleugnen. Wer das tut, läßt sich auf eine besonders unwürdige Form der Verleugnung ein (T-2.IV.3:8, 10-11).

Indem wir uns das vor Augen halten, kommen wir nun auf die Ebene II zu sprechen, wie sie in der Abbildung im Anhang dargestellt ist. Auf dieser Ebene wird die Welt als

Schule betrachtet, in der wir bestimmte Lektionen lernen; sie wird nicht einfach als Illusion abgetan, um die wir uns fortan nicht mehr zu kümmern brauchen. Vielmehr wird uns empfohlen »in der Welt, aber nicht von der Welt zu sein« (Joh 15,19). Was heißt das ganz praktisch? Bei der Betrachtung der erwähnten Abbildung sehen wir, daß auf der zweiten Ebene zwischen »Falschgesinntheit« und »Rechtgesinntheit« unterschieden wird. Jede dieser beiden beinhaltet infolge des ihr zugrundeliegenden Denksystems eine unterschiedliche Wahrnehmung der physischen Welt.

Uns stehen nur zwei Wahlmöglichkeiten offen: die Falschgesinntheit – das Reich des Ego – und die Rechtgesinntheit, die Wohnstatt des HEILIGEN GEISTES. Das falschgesinnte Ego zielt darauf ab, das ursprüngliche Sünde-Schuld-und-Angst-Syndrom lebendig zu erhalten und dadurch den Fortbestand des Ego zu sichern. Demgegenüber zielt die Rechtgesinntheit, die Wohnstatt des HEILIGEN GEISTES, darauf ab, das falschgesinnte Denken durch Vergebung aufzuheben und uns zur Einsicht zu verhelfen, daß wir nie aus unserem Vaterhaus weggegangen sind. Der Kurs erinnert uns: »Du *bist* ein Fremder hier. Doch du gehörst zu IHM, DER dich liebt, wie ER SICH SELBST liebt« (B-Ep.2:1-2).

Da wir zwischen diesen beiden Alternativen zu wählen haben, muß hier auch ein dritter Teil des getrennten Geistes erwähnt werden, nämlich derjenige, der wählt. In der Abbildung haben wir diesen als »Entscheider« bezeichnet. Wir erinnern uns, daß wir im dritten Kapitel über den schlafenden SOHN GOTTES sprachen und darüber, daß er zwei Stimmen hört, zwischen denen er wählen kann: die Stimme des HEILIGEN GEISTES für GOTT und die Stimme des Ego für Schuld und Angst. In diesem und im nächsten Kapitel wollen wir das Denksystem des Ego näher betrachten; das wird uns helfen, uns seiner Funktionsweise bewußt zu werden, damit wir eine andere Wahl, die Wahl für GOTT, treffen können. Im Kurs wird erläutert, daß wir wegen des Konflikts in unserem Geist die Wahl *gegen* die Freude treffen, nach der es uns im Grunde verlangt:

> Den WILLEN GOTTES vollkommen zu erfüllen ist die einzige Freude und der einzige Frieden, die man voll und ganz erkennen kann, weil es die einzige Funktion ist, die voll und ganz erfahren werden kann. Wenn dies erreicht ist, gibt es keine andere Erfahrung mehr. Doch wird der Wunsch nach einer anderen Erfahrung dich daran hindern, sie zu erreichen, denn GOTTES WILLE kann dir nicht aufgezwungen werden, da er eine Erfahrung totaler Bereitwilligkeit ist (T-8.III.2:1-3).

Unsere Betrachtung des Denksystems des Ego sowie desjenigen des HEILIGEN GEISTES und die Notwendigkeit, zwischen diesen beiden zu wählen, entspricht im wesentlichen der zu Beginn geschilderten Haltung der LICHTWESEN und der dunklen Gruppe aus der Sicht der mittleren Gruppe, die am Ende »noch einmal wählen« und nach HAUSE zurückkehren wird. Hier wird deutlich, daß der Kurs sich wie viele andere spirituelle Wege an die mittlere Gruppe richtet, die sich im Konflikt zwischen den beiden Stimmen befindet. Die Gruppe der LICHTWESEN braucht offensichtlich nicht aus dem Traum aufzuwachen, während die Mitglieder der dunklen Gruppe sich über das Endergebnis ihres Experiments freuen und ganz zufrieden damit sind, das, was sie gemacht haben, zerstören zu können. Sie verdrängen ihre Schuld noch stärker als die mittlere Gruppe und sind daher viel weniger bereit, sie anzusehen und berichtigen zu lassen. Wenn die mittlere Gruppe ihren Widerstand gegen die dunkle Gruppe aufgibt, wird sie ebenfalls geheilt sein, wie wir im achten Kapitel sehen werden.

Übrigens ermahnt uns Jesus im Kurs, uns das Ego nicht als etwas Getrenntes und von unserem Geist Unabhängiges vorzustellen:

> Ich habe vom Ego gesprochen, als sei es ein getrenntes Ding, das eigenständig handelt. Das war notwendig, um dich davon zu überzeugen, daß du es nicht leichthin abtun kannst und begreifen mußt, wieviel von deinem Denken vom Ego gelenkt ist … Das Ego ist nichts weiter als ein Teil deiner Überzeugungen über dich. Dein anderes Leben ist ohne Unterbrechung weitergegangen, es ist von deinen Versuchen, es zu dissoziieren, unberührt geblieben und wird immer völlig unberührt davon bleiben (T-4.VI.1:3-4, 6-7).

Nachdem wir also ein Grundmuster für die Entstehung der Welt und ihrer Lebewesen skizziert haben, wollen wir die Rolle des Ego daraufhin untersuchen, wie sie sich beim einzelnen Menschen äußert und wie die unheilige Dreifaltigkeit von Sünde, Schuld und Angst jeden einzelnen psychisch beeinflußt.

Im Gegensatz zur allgemein verbreiteten Auffassung werden Kinder nicht unschuldig in diese Welt hineingeboren. Jedes Kind oder Wesen bringt den gesamten ontologischen Selbsthaß (die Schuld) und den gesamten Schrecken aus jenem Urmoment der Trennung mit, für die es sich noch nicht vergeben hat. Gerade die Tatsache, daß es in einen Körper hineingeboren wird, bezeugt die scheinbare Wirklichkeit dessen, was es GOTT und CHRISTUS angetan zu haben glaubt. Jede körperliche und seelische Erfahrung verstärkt die Identifikation mit dem Ego-Körper und trägt somit die finstere und schmerzliche Erinnerung an den ursprünglichen Augenblick der Trennung weiter.*

Das also ist die Grundlage des Denksystems all derer, die »ungewiß ... einsam und in ständiger Angst« auf dieser Erde wandeln (T-31.VIII.7:1). Wir glauben, wir hätten unseren SCHÖPFER und einander durch unsere »Sünde« der Trennung angegriffen, für welche die getrennten Körper Zeugnis ablegen. Der Glaube an die Sünde führt psychologisch zum Schuldempfinden, wobei man Schuld als die Gesamtheit aller negativen Gedanken, Gefühle und Überzeugungen bezeichnen kann, die wir in bezug auf uns selbst haben. Dazu gehören auch Gefühle der Unwürdigkeit und Minderwertigkeit, des Unwertseins, der Unzulänglichkeit, Unvollständigkeit und Scham, des Selbsthasses sowie die Überzeugung, wir seien derart elende Wesen, daß es völlig unmöglich sei, von irgend jemandem – einschließlich GOTT – geliebt zu werden. Eines der verheerendsten Merkmale der Schuld ist, daß sie ohne Unterlaß Bestrafung für unsere »Schlechtigkeit« fordert. Wir leben also wie die notorischen Weltuntergangspropheten mit einer ständigen Angst vor Strafe in dieser Welt, die uns »zwangsläufig« treffen wird: »Gestern war furchtbar, heute ist schrecklich, und morgen wird grauenhaft sein.« Jede Angst stammt also – völlig ungeachtet ihrer scheinbaren

* Die einzige Ausnahme bilden hier vereinzelte Beispiele wahrhaft erleuchteter Wesen, die man im Osten Avatare oder Bodhisattvas nennt und die im Kurs als »LEHRER der Lehrer« bezeichnet werden. Das wären also Mitglieder der Gruppe der LICHTWESEN, die die SÜHNE für sich angenommen und beschlossen haben, in der Welt der Illusionen zu erscheinen, um zu lehren, daß es keine Welt gibt. Wie es im Kurs jedoch heißt, sind diese Vorbilder »so selten« (H-26.3:4), daß man hier nicht näher auf sie einzugehen braucht.

Ursache in der Welt – aus der Verheißung der Strafe, die wir dem Ego zufolge gerechterweise wegen unserer Sündhaftigkeit verdient haben und die auch unser Schuldgefühl uns vorschreibt. Sünde, Schuld und Angst bilden demnach das Fundament des Ego-Denksystems, auf welchem es nun etwas aufbaut, was ein mächtiges Abwehrsystem gegen unsere wahre IDENTITÄT als CHRISTUS zu sein scheint.

Im letzten Kapitel sahen wir, wie das Ego die Zeit auf einer ontologischen Ebene dazu benutzt, sein entstehendes Denksystem der Trennung zu verstärken und von GOTTES Ewigkeit fernzuhalten. Auf der individuellen Ebene ist dieselbe Strategie mit demselben Zweck zu beobachten. Solange wir an die Wirklichkeit eines Zeitkontinuums glauben, sind wir in der raumzeitlichen Welt des Ego gefangen. Die unheilige Dreifaltigkeit der Sünde, Schuld und Angst ist das Mittel, welches das Ego zu diesem Zweck verwendet. Der Glaube an unsere grundsätzliche Sündhaftigkeit um dessentwillen, was wir in der Vergangenheit getan haben, erzeugt, wie wir schon sahen, ein Schuldgefühl. Die Schuld ihrerseits erzeugt Angst vor zukünftiger Bestrafung, die wir zu verdienen glauben. Und damit haben wir der Ego-Welt der Zeit Wirklichkeit verliehen, wobei Vergangenheit und Zukunft in der Zange der Schuld so eng zusammengeklammert werden, daß wir in der Gegenwart nicht mehr den heiligen Augenblick wählen können, der uns durch die Vergebung aus dem Würgegriff des Ego befreien würde.

Die Zeit ist demnach der Rahmen, innerhalb dessen das Ego seinen Plan gegen GOTT zur Sicherung seines Fortbestandes ausführt. Dabei geht es folgendermaßen vor: Nachdem es uns davon überzeugt hat, daß unser Selbst voller Sünde und Schuld ist, läßt es uns im Glauben, daß wir jeden Augenblick von dem zornigen GOTT vernichtet werden könnten, den wir angegriffen hatten. Voller Entsetzen darüber, daß uns unser liebender SCHÖPFER zerstören könnte, bleibt uns nichts anderes mehr übrig, als das Ego um Hilfe zur Abschwächung dieser quälenden Angst zu bitten. Das Ego antwortet mit der im Kurs als »Heilsplan des Ego« bezeichneten Strategie (Ü-I.71.2:1; 72.1:1). Sein Plan besteht aus zwei Teilen: der Verleugnung und der Projektion.

Zu Freuds wichtigsten Leistungen zählt seine Beschreibung des Unbewußten und dessen Bedeutung in bezug auf die Beeinflussung bewußter Gedanken, Erfahrungen und Verhaltensweisen. Dennoch ist es den meisten Menschen nicht genügend klar, in welchem Ausmaß unser bewußtes Leben von unbewußten Gedanken gelenkt wird, derer wir überhaupt nicht gewahr sind. Der hl. Paulus beschrieb dies sehr treffend, als er ausrief: »Denn ich tue nicht das Gute, das ich will, sondern das Böse, das ich nicht will« (Röm 7,19). In unserem psychologisch fortgeschrittenen Zeitalter haben wir dieses Dilemma besser verstehen gelernt, weil wir heute das Prinzip der Verleugnung (die im Kurs gleichbedeutend mit Verdrängung verwendet wird) kennen. Wie Freud bemerkte, zielt die Psychoanalyse darauf ab, das Unbewußte bewußt zu machen. Ebenso zielt auch *Ein Kurs in Wundern* darauf ab, die Angst aufzuheben, die zur Verdrängung dessen führt, was das Ego als gefährlich beurteilt hat.

Wir haben den unermeßlichen Schrecken bereits beschrieben, der mit der scheinbaren Trennung von GOTT einherging. Niemand auf dieser Erde kann mit einem solchen Ausmaß an bewußter Angst leben. Daher versenkt der gespaltene Ego-Geist die Erinnerung an diese scheinbare Begebenheit in das Unbewußte und hofft wie ein verängstigter Vogel Strauß, daß das, was nicht mehr zu sehen ist (oder woran man sich nicht mehr erinnert), wie durch Zauberhand verschwunden ist, und zwar, wie es im Kurs heißt, im Rahmen des Ego-Glaubens, er befinde sich im Kampf gegen GOTT:

> Vergiß den Kampf. Akzeptiere ihn als Tatsache, und vergiß ihn dann. Erinnere dich nicht an die unmögliche Übermacht, die gegen dich ist. Erinnere dich nicht an die Unermeßlichkeit des »Feindes«, und denke nicht an deine Gebrechlichkeit im Vergleich dazu. Akzeptiere deine Trennung, aber erinnere dich nicht daran, wie sie entstand. Glaube, daß du den Kampf gewonnen hast, aber behalte nicht die geringste Erinnerung daran zurück, WER dein großer »Gegner« wirklich ist (H-17.6:5-10).

Wir können unsere Schuld mit einem Eisberg vergleichen, der zum größten Teil unter der Wasseroberfläche liegt, so daß nur noch seine Spitze zu sehen ist. Analog dazu ist die Schuld, die wir verspüren, nur die Spitze eines unendlich viel größeren Selbsthasses, dessen wir uns, da wir ihn ins Unbewußte versenkt haben, nicht im geringsten bewußt sind. Der Kurs besagt: »Nichts, was du anzunehmen abgelehnt hast, kann dir zu Bewußtsein kommen« (T-3.VI.4:4). Das Ego vollendet also den ersten Teil seines Planes, uns vor unserer Schuld zu »retten«, indem es uns rät, sie aus dem Bewußtsein wegzuschieben und vorzugeben, daß das, was wir wahr gemacht hatten, nun nicht mehr vorhanden ist.

Dabei ist die verdrängte Schuld eigentlich nirgendwohin gegangen, sondern liegt in unserem Geist auf der Lauer und wartet gleichsam auf den richtigen Augenblick, um plötzlich wieder ins Bewußtsein zu dringen. Im Ego-Plan, uns vor der Attacke der Schuld und Angst zu schützen, gibt es daher noch eine zweite Taktik, und zwar die Projektion.

Wir haben beim Hervorbringen der Welt bereits gesehen, wie diese Taktik aussieht. In jenem ontologischen Augenblick hörte die mittlere Gruppe auf die Stimme des Ego, kehrte der Botschaft der LICHTWESEN den Rücken und versuchte, ihr eigenes vermeintliches Schuldbewußtsein infolge der Trennung dadurch zu verleugnen, daß sie die Schuld dafür der dunklen Gruppe zuschob. Um es noch einmal zu wiederholen: Die materielle Welt ist entstanden, weil sie den Trennungsgedanken in Opposition gegen die dunkle Gruppe auf diese projizierte.

Auf der individuellen Ebene verhalten wir uns genau nach demselben Schema. Da wir den Schmerz unseres Selbsthasses (die Schuld) nicht aushalten, folgen wir dem Rat des Ego und sehen die Schuld nicht mehr in uns, sondern in jemand anderem (Projektion). Dabei haben wir die eigene wahrgenommene Schuld zuerst in uns selbst verleugnet und dann nach außen verlagert. Und damit hat das Ego uns davon überzeugt, wir seien unserer Schuld erfolgreich entronnen. Wie es im Kurs heißt:

> Die Welt zeigt nur eine uralte Wahrheit auf: Du wirst glauben, daß andere dir genau das antun, was du ihnen angetan zu haben glaubst. Läßt du dich erst einmal dahingehend irreführen, ihnen die Schuld zuzuweisen, dann siehst du die Ursache dessen, was sie tun, nicht mehr, weil du *willst*, daß die Schuld auf ihnen liege. Wie kindisch ist das störrische Manöver, deine Unschuld dadurch zu bewahren, daß du Schuld nach außen abschiebst, sie aber niemals losläßt! Es ist nicht leicht, den Witz wahrzunehmen, wenn deine Augen überall um dich herum seine schwerwiegenden Folgen sehen, aber ohne ihre geringfügige Ursache (T-27.VIII.8:1-4).

Dabei hat das Ego uns jedoch verschwiegen, daß sein Heilsplan zur Erlösung von der Schuld das perfekte Mittel ist, um sie zu behalten. Die Projektion der Schuld führt stets zum Angriff, wie wir im nächsten Kapitel eingehender erläutern werden. Wir versuchen, jemand anderem die Schuld für etwas in die Schuhe zu schieben, das wir uns insgeheim selbst vorwerfen, wenn auch manchmal in einer anderen Form. Auf einer bestimmten Ebene wissen wir jedoch genau, daß der Angriff ungerechtfertigt ist, weil die Ursache dafür – ungeachtet der äußeren Umstände – im unbewußten Verlangen wurzelt, unser eigenes Ego-Selbst ja nicht anzuschauen. Somit macht unser Angriff uns notgedrungen nur noch schuldiger.

Damit ist der Kreis geschlossen: Wir fangen bei der Schuld an, die wir verleugnen und projizieren, um uns wegen dieser Projektionsangriffe nur erneut schuldig zu fühlen. Das ist der Kreislauf von Schuld und Angriff und die taktische Hauptwaffe des Ego in seinem Krieg gegen GOTT. So sieht der Heilsplan des Ego aus, der im Kurs folgendermaßen beschrieben wird:

> Das Ego versucht immer, den Konflikt zu erhalten. Es ist sehr raffiniert im Ersinnen von Wegen, die den Konflikt zu vermindern scheinen, weil es nicht will, daß du den Konflikt derart unerträglich findest, daß du darauf bestehst, ihn aufzugeben. Das Ego versucht daher, dich davon zu überzeugen, daß es dich vom Konflikt befreien kann, damit du nicht das Ego aufgibst und dich selbst befreist (T-7.VIII.2:2-4).

> Des Ego Heilsplan dreht sich darum, Groll zu hegen. Es behauptet, daß du erlöst wärst, wenn jemand anderer anders reden oder handeln würde, wenn irgendein äußerer

> Umstand oder ein äußeres Ereignis verändert würde. Somit wird die Quelle der Erlösung ständig als außerhalb von dir wahrgenommen. Jeder Groll, den du hegst, ist eine Erklärung und eine Behauptung, an die du glaubst, die besagt: »Wäre dies anders, so wäre ich erlöst« (Ü-I.71:2:1-4).

Andernorts wird im Kurs noch die subtilere Art geschildert, wie das Ego seinen Plan durchführt. Wir zitieren einen Teil daraus, der an unseren Mythos anklingt:

> Ein Bruder, der von dir getrennt ist, ein alter Feind, ein Mörder, der sich in der Nacht an dich heranpirscht und deinen Tod im Schilde führt, doch dabei plant, daß dieser schleichend sei und langsam, davon träumst du. Doch unter diesem Traum ist noch ein anderer, in welchem du zum Mörder wirst, zum geheimen Feind, zum Geier und Zerstörer deines Bruders und der Welt zugleich. Hier ist die Ursache des Leidens, der Raum zwischen deinen kleinen Träumen und deiner Wirklichkeit. Der kleine Graben, den du nicht einmal siehst, der Geburtsort von Illusionen und von Angst, die Zeit des Schreckens und des alten Hasses, der Augenblick des Unglücks – sie sind alle hier. Hier ist die Ursache der Unwirklichkeit. Und genau hier wird sie aufgehoben werden.
>
> *Du* bist der Träumer der Welt der Träume. Sie hat keine andere Ursache, noch wird sie das je haben. Nichts Furchterregenderes als ein nichtiger Traum hat GOTTES SOHN in Angst und Schrecken versetzt und ihn glauben lassen, daß er seine Unschuld verloren, seinen VATER verleugnet und einen Krieg gegen sich selbst geführt hat (T-27.VII.12:1-13:3).

Die Projektion der Schuld kommt in zwei Grundformen zum Ausdruck, die im Kurs als besondere Haß- und besondere Liebesbeziehung bezeichnet werden. Im nächsten Kapitel wollen wir uns der speziellen Funktionsweise der besonderen Beziehungen zuwenden; dabei werden wir feststellen, wie beide zur Verstärkung der Schuld führen, die für die Existenz des Ego unerläßlich ist.

7

Besondere Beziehungen: die Psychologie der mittleren Gruppe

Besondere Haßbeziehungen

Bei einer ehrlichen Innenschau, wie sie uns in *Ein Kurs in Wundern* immer wieder empfohlen wird, können wir nicht umhin, uns unserer besonderen Haßbeziehungen bewußt zu werden. Dazu gehören nicht nur Beziehungen zu Menschen, die wir sowohl in der Vergangenheit gehaßt und angegriffen haben als auch in der Gegenwart hassen und angreifen, sondern auch sämtliche Organisationen, Institutionen, Religionen, politischen und wirtschaftlichen Systeme sowie anderen Länder mitsamt ihrer Politik und ihren Oberhäuptern, die wir für unsere persönlichen und kollektiven Übel verantwortlich machen. Dieser Haß oder Ärger nimmt viele Formen an, von ganz leicht bis extrem.

> Der Ärger kann dabei die Form jeder Reaktion annehmen, von leichter Verärgerung bis zu heftiger Wut. Der Grad des empfundenen Gefühls ist dabei nicht von Belang. Du wirst dir zunehmend bewußt werden, daß ein leichter Anflug von Verdruß nichts anderes ist als ein Schleier über einer heftigen Wut (Ü-I.21.2:3-5).

Für den Heilsplan des Ego ist es unerläßlich, daß wir Feinde haben, auf die wir unseren Haß projizieren und die wir daraufhin angreifen können. Ohne sie sind wir gezwungen, uns unserem Selbsthaß zu stellen, was zur sicheren Vernichtung führen würde, wovon uns das Ego bereits überzeugt hat. Um zu überleben, *müssen* wir demnach dem Ego zufolge einen Feind haben, jemanden, dem wir für das Elend und Unglück, wofür wir letztlich selbst die Verantwortung tragen, die Schuld in die Schuhe schieben können. Daraus entsteht zwangsläufig eine Welt nach einem »Wir-gegen-sie«-Muster, in der es »Gute« und »Böse«, Opfer und Täter gibt. Dabei identifizieren wir uns ständig mit den unschuldigen Opfern dieser Welt, die wegen böser und dunkler Mächte jenseits ihrer Kontrolle Unrecht leiden. Die ganze Zeit über bleibt unsere – »böse und dunkle« – Schuld in den »leichenhaft verhüllten Gruften« (T-31.V.6:6) des Unbewußten verborgen und auf ewig durch unseren »gerechtfertigten« Ärger gegen die Außenwelt geschützt.

> Ärger beinhaltet immer die Projektion der Trennung, wofür man letztlich die Verantwortung selber übernehmen muß, statt andern die Schuld zuzuweisen. Ärger kann nur dann auftreten, wenn du glaubst, daß du angegriffen worden bist, dein Gegenangriff gerechtfertigt ist und du in keiner Weise dafür verantwortlich bist. Sind diese drei völlig irrationalen Voraussetzungen gegeben, muß der ebenso irrationale Schluß daraus folgen, daß ein Bruder des Angriffs und nicht der Liebe wert ist. Was kann von wahnsinnigen Voraussetzungen anderes erwartet werden als eine wahnsinnige Schlußfolgerung? Eine wahnsinnige Folgerung hebt man auf, indem man die Vernünftigkeit der Voraussetzungen erwägt, auf denen sie beruht. Du *kannst* nicht angegriffen werden, für Angriff *gibt* es keine

> Rechtfertigung, und du *bist* für das verantwortlich, was du glaubst (T-6.Einl.1:2-7).

Im zeitlichen Rahmen der gesamten Menschheitsgeschichte finden sich unzählige Beweise für die Funktion des Ego-Denksystems. Die verschiedensten Kulturen, Gesellschaften, Stämme und Königreiche haben immer wieder andere angegriffen, die sie als äußere Feinde betrachteten, weil sie Trennung und Mangel wahrnahmen und glaubten, es sei ihnen etwas entzogen worden. Und immer wieder haben die Angreifer ihre Angriffe unter dem Vorwand verschiedenster Rationalisierungen gerechtfertigt, einschließlich wirtschaftlicher Notwendigkeiten, politischer Unumgänglichkeiten und »heiliger Kriege«.

Denken wir – da sich dieses Kapitel mit der Psychologie der mittleren Gruppe befaßt – noch einmal daran, daß diese vom Augenblick der Trennung an innerhalb des Heilsplans des Ego die dunkle Gruppe als außerhalb von sich wahrnehmen mußte. Daher sollte es uns nicht wundern, von der Trennung bis in die Gegenwart immer wieder auf Angriffsgedanken zu stoßen. Seit jenem uralten Augenblick sind all unsere Erfahrungen von jenen Blutstropfen rot gefärbt, die dem ursprünglichen Glauben des SOHNES entsprangen, er habe seinen VATER und URSPRUNG erschlagen. Dieses Blut tropft buchstäblich aus den Seiten unserer Geschichtsbücher, wobei die Geschichte nur ein Symbol für den ursprünglichen Angriffsgedanken gegen GOTT ist. Diese finstere Darstellung findet ihre Parallele im Kurs in der folgenden treffenden Textstelle, in der die Ego-Religion von Mord und Totschlag geschildert wird:

> Die Wirklichkeit erkennen heißt, das Ego und seine Gedanken, seine Werke, seine Taten, seine Gesetze und seine

> Überzeugungen, seine Träume, seine Hoffnungen, seine Heilspläne und den Preis, den der Glaube an es nach sich zieht, nicht zu sehen. Im Leiden ist der Preis für den Glauben an es so immens, daß die Kreuzigung des GOTTESSOHNES täglich vor seinem verdunkelten Schreine angeboten wird und Blut fließen muß vor dem Altar, wo seine kränklichen Gefolgsleute sich auf das Sterben vorbereiten (Ü-II.12.4).

Wir leben in einem Zeitalter, in dem die Kommunikation infolge technologischer Fortschritte praktisch in Sekundenschnelle erfolgt. Die Nachrichten im Fernsehen oder in der Zeitung sind insofern sehr aufschlußreich, als wir dabei feststellen können, wie die Psychologie der mittleren Gruppe alles durchdringt und sich in allen Völkern, Nationen und Anführern auf der ganzen Welt auswirkt. Wahrnehmung wird durch Projektion erzeugt: Unsere Wahrnehmung des Weltgeschehens läßt sich auf die folgende Gleichung reduzieren:

> Individuelle »Psychologie der mittleren Gruppe«, die wir in unserem Geist behalten haben, plus ideologische und nationale Psychologie der mittleren Gruppe, die wir erlernt haben, ergibt unsere Weltsicht, die eine Projektion des falschen Selbstkonzeptes ist, das wir gemacht haben.

Aufgrund unserer Identifikation mit dem Heilsplan des Ego versuchen wir alle, Sündenböcke zu finden, die wir ungestraft und sicher angreifen können, während wir uns hinter dem »Gesicht der Unschuld« (T-31.V.4:1) verbergen und uns mit dem »Guten« gegen das »Böse« identifizieren. Wir tun das einzeln sowie in den verschiedensten Gruppenverbänden, sei es in der Familie oder in religiös ausgerichteten oder anderen Gruppen auf Gemeinde- oder Staatsebene. In diesen Gruppen spielt sich kollektiv nichts anderes als die Ego-Taktik des einzelnen ab:

> Und so ist dies Gesicht [der Unschuld] oft tränennaß angesichts der Ungerechtigkeiten, die die Welt jenen zumißt, die großzügig und gut sein möchten. Dieser Aspekt greift nie als erster an. Doch jeden Tag verüben hundert Kleinigkeiten einen kleinen Anschlag gegen seine Unschuld und fordern ihn zu Reizbarkeit und schließlich zu offener Beschimpfung und Beleidigung heraus ... ist es nicht ein wohlbekannter Fakt, daß die Welt wehrloser Unschuld hart mitspielt? (T-31.V.3:2-4; 4:1).

Infolge des falschen Selbstkonzeptes, das wir uns zurechtgezimmert haben, und unseres Bedürfnisses nach Schutzmaßnahmen in Form von Eigeninteresse werden gemeinsame Interessen ausgeschaltet. Das Ergebnis eines solchen Szenarios ist die ungeheure Angst, die sich durch alle scheinbar fragmentierten Teile der SOHNSCHAFT hindurchzieht, denn unbewußt glauben wir – »Schuld erfordert Bestrafung« –, daß andere uns angreifen werden, wie auch wir sie angegriffen haben. Dies wiederum hält uns wie hypnotisiert in unserer Fehlwahrnehmung gefangen. »Für mein Land (meine Religion, meinen Stamm, mein Reich usw.) – ob es im Recht oder Unrecht ist!«, das ist seit Anbeginn der Trennung der Fanfarenruf einer jeden Gruppe gewesen, die das Banner des Eigeninteresses hochhielt, auf dem der Triumph über GOTT und über die Einheit der SOHNSCHAFT zur Schau gestellt wird. Als nächstes werden die Angriffe gegen andere dahingehend rationalisiert, daß wir uns vor Gegenangriffen schützen müssen, und nun ist der Ego-Kreislauf von Angriff und Verteidigung voll in Gang:

> Die Welt bietet keine Sicherheit. Sie wurzelt in Angriff ... [und] ruft nichts hervor als eine Abwehrhaltung. Denn Bedrohung bringt Ärger, Ärger läßt den Angriff als vernünftig, redlich provoziert und im Namen der Selbstverteidigung gerecht erscheinen ... Angriff, Abwehr – Abwehr und Angriff werden zu den Kreisen der Stunden und der Tage, die den Geist in schwere Bänder legen aus Stahl, mit Eisen überzogen, und die nur wiederkehren, um von neuem zu beginnen. Es scheint keine Unterbrechung zu geben und kein Ende dieser stetig enger werdenden Umklammerung, die den Geist gefangenhält (Ü-I.153.1:2-3; 2:1-2; 3:2-3).

Es gibt eine Stelle im Kurs, deren weitreichende Bedeutung höchst aufrüttelnd ist, wenn wir ernst nehmen, was da steht. Aufrichtig erwogen, würde das, was sie beinhaltet, schließlich zu Freiheit und Erlösung führen. Sie besagt:

> Diesen Kurs zu lernen erfordert die Bereitwilligkeit, jeden Wert in Frage zu stellen, den du hast. Es gibt nicht einen einzigen, den du versteckt und verschleiert halten kannst, ohne dein Lernen zu gefährden. Keine Überzeugung ist neutral. Eine jede hat die Macht, jede Entscheidung zu diktieren, die du triffst. Denn eine Entscheidung ist eine Schlußfolgerung, die auf allem gründet, was du glaubst (T-24.Einl.2:1-5).

Im Übungsbuch wird dasselbe bei der Betrachtung des illusionären Wesens unserer Probleme gesagt:

> Vielleicht wird es dir nicht gelingen, all deine vorgefaßten Ansichten loszulassen, aber das ist nicht nötig. Nötig ist allein, einige Zweifel daran zu hegen, daß deine Darstellung deiner Probleme stimmt (Ü-I.79.8:2-3).

Das ist die »kleine Bereitwilligkeit«, die andernorts im Kurs als das einzige bezeichnet wird, das der HEILIGE GEIST von uns verlangt.

Wir beginnen also damit, uns in Aufrichtigkeit zu üben, indem wir unseren Geist sorgfältig erforschen, und zwar mit der Bereitwilligkeit, jeden unserer Werte in Frage zu stellen. Auf den ersten Blick sieht das vielleicht wie eine einfache Übung aus. Wenn wir jedoch damit beginnen, wird uns unweigerlich klar, welch riesengroßen Widerstand wir dagegen haben, unsere sakrosankten Annahmen und Werte in Frage zu stellen, die wir als Identität und Ego-Persönlichkeit angenommen haben. Man kann diese Übung auf viele verschiedene Arten durchführen, von denen wir zwei erwähnen wollen: Wir können beschließen, vom Augenblick unseres Erwachens am Morgen bis zum Schlafengehen abends sämtliche Gedanken, Worte und Taten zu dem Zweck zu beobachten, uns darüber Klarheit zu verschaffen, wieviel wir in bestimmte Werte investieren. Eine andere Übung besteht darin, sämtliche Werte, die wir haben, unter die folgenden Kategorien aufzulisten: persönliche und berufliche Beziehungen; religiöse und spirituelle Überzeugungen; politische, wirtschaftliche und gesellschaftliche Werte. Nachdem wir diejenigen Werte aufgeschrieben haben, die uns bewußt sind, können wir uns fragen, weshalb wir sie haben. Wie es im Kurs heißt, sollten wir bei allem in der Welt die eine Frage stellen: »Wozu dient es?« (T-17.VI.2:2) Was ist sein Zweck? »Was ist die Bedeutung dessen, was ich erblicke?« (T-31.VII.13:5)

Nehmen wir einmal an, daß die Ausrottung eines bestimmten ideologischen Systems in allen seinen Formen in Ost oder West aufgrund unserer Anschauungen und unserer geistigen Konditionierung einen unserer politischen

Werte darstellt. Es wäre lehrreich, der Frage nachzugehen, weshalb wir als gesamte Nation ideologische, politische oder wirtschaftliche Systeme, die sich von dem unseren unterscheiden, verabscheuen. Weshalb investieren wir als Nation und als einzelne Bürger soviel in Bemühungen, die Welt von jeder Ideologie zu befreien, die wir für unwürdig, böse und beängstigend halten? Wann hat GOTT uns als SEINE obersten Heerführer, Generäle und Offiziere eingesetzt, um Gesetze und Werte durchzusetzen, die ER *nie festgelegt hat?* Das ist ein hervorragendes Beispiel für die Mentalität der mittleren Gruppe, die sich derart durch alles hindurchzieht, daß ihr beinahe niemand entgeht.

Der Nationalismus beruht in allen seinen Ausformungen eindeutig auf der »Wir-gegen-sie«-Psychologie der mittleren Gruppe; somit ist es nur verständlich, daß er im Lauf der gesamten Geschichte beinahe überall Fuß gefaßt hat. So wie die besondere Haßbeziehung auf der individuellen Ebene das Ego-System aufrechterhält, das sie hervorgebracht hat, erfüllt sie auf nationaler Ebene denselben Zweck in einem größeren Maßstab. Das Überleben des Ego wird sichergestellt, sogar auf »Kosten« der Zerstörung der Welt um uns herum.

»Wozu dient es? Was ist das Ergebnis einer so nationalistischen Haltung im Leben des einzelnen?« Zuerst einmal liefert sie einen hervorragenden Sündenbock, auf den wir unsere Schuld projizieren können, und dadurch, daß wir uns jedem »Ismus« als einem »Übel« widersetzen, verleihen wir dem Irrtum der Trennung in unserem Geist Wirklichkeit. Genau das will das Ego. Zudem verleiht der Widerstand gegen die »Widersacher« – beispielsweise die Opposition gegen den Krieg in einer Friedensbewegung mit haßerfüllter, trennungsbewußter Haltung – dem Irrtum der Trennung ebenfalls Wirklichkeit und kann also auch eine Falle sein. Man sollte die Raffiniertheit des Ego niemals unterschätzen.

Was religiöse Werte anbelangt, finden wir hier genau dasselbe dynamische Prinzip am Werk, wenn wir die Urteile bedenken, die über Atheisten, Ungläubige oder Ketzer gefällt wurden und von spitzfindigen theologischen Erklärungen bis zu offenen Verurteilungen reichten. Ungeachtet der Form der Urteile ist das Ergebnis immer dasselbe: der Ausschluß einiger Kinder GOTTES aus SEINEM REICH. Hier tritt die Psychologie der mittleren Gruppe am krassesten zutage, die sich als Botschaft der Fürsorge, Liebe und Erlösung durch selbsternannte Diener GOTTES gegen alle wendet, die nicht an *ihre* Wahrheit und das »WORT GOTTES« glauben. Diese Trennung und Uneinigkeit, dieser Haß und Angriff sind wiederum nichts als eine Äußerung der ursprünglichen Haltung der mittleren Gruppe, der zufolge die Sünde der Trennung wahr gemacht und die SOHNSCHAFT in »gut« und »böse«, »hell« und »dunkel«, »heilig« und »unheilig« sowie »erlöst« und »verdammt« aufgespalten wurde. Einmal mehr haben sich Mitglieder der mittleren Gruppe die Stellung der auserwählten Sprecher GOTTES und Verteidiger des Glaubens angemaßt. Im Gegensatz dazu möchte die Gruppe der LICHTWESEN, daß wir über die Irrtümer sowohl der Mitglieder der dunklen *als auch* der mittleren Gruppe hinwegsehen, wie aus der folgenden Passage ersichtlich wird:

> Träume sanft von deinem sündenlosen Bruder, der sich in heiliger Unschuld mit dir vereint. Und aus diesem Traum wird der HERR des HIMMELS SELBST SEINEN geliebten SOHN erwecken. Träume von den Freundlichkeiten deines Bruders, statt dich in deinen Träumen mit seinen Fehlern aufzuhalten. Suche dir seine Umsicht aus, davon zu träumen, statt die Verletzungen aufzuzählen, die er gegeben hat.

> Vergib ihm seine Illusionen und danke ihm für all die Hilfsbereitschaft, die er gab. Und schiebe seine vielen Gaben nicht beiseite, weil er in deinen Träumen nicht vollkommen ist. Er stellt seinen VATER dar, DER dir in deinen Augen sowohl das Leben wie den Tod schenkt (T-27.VII.15).

Besondere Liebesbeziehungen

Die Übung, die wir eben in bezug auf die besondere Haßbeziehung erwähnten – nämlich alle Werte anhand der Frage »Wozu dient es?« zu prüfen –, ist auch auf diejenigen Beziehungen anwendbar, die im Kurs als »besondere Liebesbeziehungen« bezeichnet werden. In dieser Welt mit ihrer vielgestaltigen Mannigfaltigkeit neigen wir dazu, die besonderen Liebesbeziehungen von der Prüfung auszunehmen, die von uns erbeten wird. Genau diese Beziehungen jedoch sind die wirksamsten Waffen im Arsenal des Ego und belegen die Lehre des Kurses, daß sie das Heim der Schuld und nur ein dünner Schleier über dem Gesicht der besonderen Haßbeziehung sind. In besonderen Liebesbeziehungen – von der oberflächlichsten bis zur intimsten – versuchen wir, Schuld und Selbsthaß vom eigenen Bewußtsein fernzuhalten und so den nagenden Schmerz zu vermeiden, die deren Gewahrsein mit sich bringen würde. Den Ausgangspunkt hierbei bildet ein Mangelglaube, das heißt ein tiefinneres Gefühl, wir seien irgendwie nicht ganz oder es fehle uns etwas. Das ist eine essentiell wichtige Seite des Schuldempfindens. Im Kurs wird das Mangelprinzip im konkreten Rahmen der Trennung behandelt:

> Während in GOTTES Schöpfung kein Mangel existiert, tritt er in dem, was du gemacht hast, ganz klar zutage. Tatsächlich ist das der wesentliche Unterschied zwischen beiden. Mangel besagt, daß es dir bessergehen würde in einem Zustand, der irgendwie von dem verschieden ist, in dem du dich befindest. Bis zur »Trennung« – und genau das bedeutet der »Sündenfall« – hat nichts gefehlt. Da gab es überhaupt keine Bedürfnisse. Bedürfnisse entstehen nur, wenn du dir selbst etwas entziehst. Du handelst der jeweiligen Rangordnung der Bedürfnisse zufolge, die du aufstellst. Diese hängt wiederum von deiner Wahrnehmung davon ab, was du bist ... Dieses Gefühl der Trennung wäre nie aufgekommen, wenn du deine Wahrnehmung der Wahrheit nicht verzerrt und dich somit als mangelleidend wahrgenommen hättest (T-1.VI.1:3 10; 2:2).

Offensichtlich möchten wir keineswegs mit der bewußten Empfindung leben, etwas stimme grundsätzlich nicht mit uns oder wir seien unvollständig. Zudem haben wir uns eine starke Individualität oder ein Selbstkonzept als Schutzschild gegen dieses Bewußtsein gezimmert. Gerade dieses Selbstkonzept der Sünde und der Schuld, deren unbewußter Kern der Mangelglaube ist, stellt die heiligste Zitadelle im Reich des Ego dar. Dieses falsche, von uns gemachte Selbst verwendet und manipuliert Beziehungen, um seine eigenen neurotischen Bedürfnisse zu stillen, ohne zu merken, daß die Benützung und Manipulation anderer einen Angriff auf sie darstellt und damit die Schuld verstärkt, die wir geschickt in den Bereich des Unbewußten verbannt haben.

Kurz gesagt sind besondere Liebesbeziehungen Beziehungen, in denen wir uns als Ersatz für unsere Abhängigkeit von GOTT in die Abhängigkeit anderer begeben. Anstatt uns an IHN oder an den HEILIGEN GEIST zu wenden, um die Lösung für das empfundene Problem des Mangels, der Schuld und des Selbsthasses zu finden, versuchen wir, uns mit besonderen Liebesbeziehungen zu umgeben, die uns davor »schützen« sollen, uns der Schuld zu stellen. Im Kurs heißt es dazu:

> Niemand kommt hierher, der nicht noch immer eine Hoffnung hätte, eine Illusion, die noch verweilt, oder einen Traum, es gebe etwas außerhalb von ihm, das ihm Glück und Frieden bringen werde. Wenn alles in ihm ist, kann das nicht sein. So verleugnet er denn durch sein Kommen die Wahrheit über sich und sucht nach etwas, das mehr als alles ist, als sei ein Teil von diesem abgetrennt und wäre dort zu finden, wo alles übrige von ihm nicht ist. Das ist der Zweck, den er dem Körper zuteilt: daß er nach dem suchen möge, was ihm fehlt, und ihm das geben möge, was ihn vollständig machen würde. So zieht er ohne Ziel umher und sucht nach etwas, das er nicht finden kann, im Glauben, daß er ist, was er nicht ist (T-29.VII.2).

Nur heben diese Beziehungen unsere Schuld keineswegs auf. Vielmehr wird die Schuld in der besonderen Liebesbeziehung dadurch wahr gemacht, daß dem Bedürfnis nach Abhängigkeitsbeziehungen als Schutz vor der Qual unserer Schuld Wirklichkeit verliehen wird. Wir verwenden andere als Deckmantel, um der schmerzlichen Empfindung der Schuld zu entfliehen.

Deshalb wird unsere »Liebe« zu anderen dadurch verfärbt: Wir brauchen andere, damit sie uns ein akzeptableres Selbstkonzept liefern, und zwar das Gegenteil des unannehmbaren, häßlichen Selbstbildes, welches anzuschauen wir nicht ertragen. Daher heißt es im Kurs, Liebe ohne Ambivalenz sei in dieser Welt nicht möglich (T-4.III.4:6). Wenn wir uns zu anderen hingezogen fühlen, dann nur, weil wir unbewußt davon abhängig sind, daß sie uns mögen und anerkennen – als Kinder, Eltern, Liebhaber, Eheleute, Schüler, Therapeuten, Freunde, Mitarbeiter usw. Wir lieben andere also nicht um dessentwillen, WER sie sind – nämlich der CHRISTUS –, sondern um dessentwillen, was sie zur Erfüllung unserer Egobedürfnisse für uns tun, und zwar in der jeweiligen Form, die unsere unbewußte Forderung, uns von der Schuld abzuschirmen, am besten erfüllt. Die Liebe hängt also von der Fähigkeit anderer ab, unsere Schuld mit einem besonderen Liebesmantel zuzudecken.

Werden unsere Bedürfnisse nicht mehr erfüllt, verkehrt sich die besondere Liebe schnell in den Haß, der ihr zugrundeliegt. Wie wir aus der Psychologie wissen, fördert Abhängigkeit Verachtung. Anders ausgedrückt, ich liebe Sie so lange, wie Sie meinen Erwartungen entsprechen und meine Bedürfnisse erfüllen. Sobald dies nicht mehr der Fall ist – entweder weil Sie sich oder meine wahrgenommenen Bedürfnisse sich verändern –, steigt die Schuld wieder an die Oberfläche meines Bewußtseins. Dem Heilsplan des Ego zufolge führen die damit verbundene Angst und Unruhe nun dazu, daß ich Ihnen die Schuld an meinem Unbehagen zuschiebe. Jetzt sind Sie die Ursache meines Unglücks geworden, und Ihre Rolle verwandelt sich aus derjenigen eines Retters in diejenige eines Feindes. Die besondere Liebe wird zum besonderen Haß, der sie schon immer war, und ich fühle mich gerechtfertigt, Sie nun als »Liebespartner« hinauszuwerfen und mir einen andern zu suchen: »Eine andere [Form] läßt sich finden« (Ü-I.170.8:7). Jeder Mensch auf dieser Welt kennt dieses Dilemma, weil keiner der grundlegendsten aller besonderen Liebes- oder Abhängigkeitsbeziehungen entgeht: der des Kindes zu seinen wirklichen oder Ersatzeltern.

Fassen wir das Kräftespiel der besonderen Liebesbeziehung nochmals anhand des folgenden Bildes zusammen. Stellen wir uns einen Schrank vor, in dem die schreckliche Schuld steckt, die anzuschauen wir nicht über uns bringen. Der bewußte Teil in uns ist im Zimmer außerhalb des Schrankes und will nichts von dieser seelischen Dunkelheit wissen. Die Schranktür dient dazu, die gefürchtete Sünde und Schuld einzuschließen und versteckt zu halten. Es ist also unerläßlich, daß diese Tür fest verschlossen bleibt, damit unsere Schuld nicht ins Bewußtsein dringt und uns zwingt, uns mit dem Schmerz und der Qual auseinanderzusetzen, die damit verbunden sind. Der Schrank stellt das Unbewußte dar, in dem unsere »geheimen Sünden und die versteckten Haßgefühle« (T-31.VIII.9:2) aufbewahrt werden. Die besondere Liebesbeziehung ist die Tür, die uns davor »schützt«, in den Schrank unseres Geistes hineinzuschauen und die Sünde und Schuld zu sehen, die uns dem Ego zufolge zerstören würden.

Zusammenfassend können wir sagen, daß besondere Beziehungen eigentlich kleine Kriege sind, in denen wir glauben, gegen einen äußeren Feind zu kämpfen, während wir uns damit vor dem Feind im Inneren schützen wollen. In allen diesen Beziehungen durchleben wir jedoch nur »erneut den einen Augenblick, in dem die Zeit des Schreckens den Platz der Liebe einnahm« (T-26.V.13:1). Somit wird jede besondere Beziehung zu einer finsteren Erinnerung an jenen Augenblick der Trennung, als wir in unserem Wahnsinn glaubten, wir hätten GOTT und CHRISTUS getötet und uns auf den Thron der Schöpfung gesetzt. Wie total verrückt ein solcher Glaube ist, kommt in der folgenden Passage sehr anschaulich zum Ausdruck:

> Siehst du nicht ein, daß ein Krieg gegen dich ein Krieg gegen GOTT wäre? Ist ein Sieg vorstellbar? Und wäre er es, wäre das ein Sieg, den du wollen würdest? GOTTES Tod – wäre er möglich – wäre dein Tod. Ist das ein Sieg? Das Ego marschiert stets in seine Niederlage, weil es denkt, es sei möglich, über dich zu triumphieren. Und GOTT denkt anders. Dies ist kein Krieg, sondern nur der verrückte Glaube, der WILLE GOTTES könne angegriffen werden und gestürzt. Vielleicht identifizierst du dich mit diesem Glauben, er aber wird nie mehr sein als Verrücktheit. Und Angst wird in der Verrücktheit herrschen, und es wird so aussehen, als habe sie die Liebe dort ersetzt (T-23.I.2:1-10).

Unsere besonderen Beziehungen sind also alle Beispiele für die Denkweise der mittleren Gruppe, die auf der Wahrnehmung von »Guten« (besondere Liebe – wir und unsere Verbündeten in der mittleren Gruppe) und »Bösen« (besonderer Haß – die dunkle Gruppe) fußt. Wir verbünden uns mit denen, die unser Projektionsbedürfnis auf einen als außerhalb von uns wahrgenommenen Feind unterstützen. Unsere besonderen Liebespartner vermitteln uns ein gutes Gefühl uns gegenüber, wobei wir unseren Selbsthaß verleugnen, und unsere besonderen Haßpartner liefern uns die Rechtfertigung, diesen Haß außerhalb von uns zu sehen. Das ist ein scheinbar hoffnungslos unlösbares Dilemma, weil unsere unbewußte Schuld uns ständig anspornt, »eine endlose und unbefriedigende Kette besonderer Beziehungen« einzugehen (T-15.VII.4:6). Diese wiederum verstärken die ihnen zugrundeliegende Schuld und bilden einen offenbar endlosen Teufelskreis, aus dem es keinen Ausweg zu geben scheint.

Vom schonungslosen Wahnsinn des Ego gezwungen, uns vor uns selbst zu schützen, führen wir nun Krieg gegen die Welt, manchmal ganz offen (besonderer Haß) und manchmal unter dem Deckmantel der Liebe (besondere Liebe). Hinter jedem Angriff steckt der brutale VATER, den wir erfunden haben und vor dessen Rache unsere besonderen Beziehungen uns schützen sollen, wie wir in unserer Verrücktheit glauben. Doch am Ende steht eine weitere FIGUR hinter dieser erfundenen Brutalität GOTTES: unser liebender SCHÖPFER, DER nie aufgehört hat, SEINEN RUF an uns zu richten, um uns aus unserem Traum des Wahnsinns aufzuwecken. Die Egoliebe verdeckt SEINE LIEBE, die jedoch ruhig darauf wartet, daß wir die Wahl für die Vergebung treffen, die uns zur »GEISTIGEN GESUNDHEIT« zurückkehren läßt.

8

Die Sühne annehmen

In *Ein Kurs in Wundern* heißt es, das Denksystem des Ego mag »narrensicher sein, aber GOTTsicher ist [es] nicht« (T-5 VI.10:6). Ohne GOTTES Hilfe wäre die massive Abwehr des Ego gegen IHN – die aus Sünde, Schuld, Angst und den besonderen Beziehungen besteht – tatsächlich unüberwindlich. Doch hat GOTT uns nicht ohne SICH SELBST gelassen, und SEINE Ausdehnung in den Traum hinein heißt HEILIGER GEIST.

Der HEILIGE GEIST ist GOTTES liebevolle ANWESENHEIT in unserem getrennten und schlafenden Geist, und er entspricht der ununterbrochenen Botschaft der Gruppe der LICHTWESEN, es gebe eine andere Sichtweise dessen, was aussieht, als seien es überwältigende Probleme in der Welt. Die Entscheidung für die Vergebung – jene »andere Sichtweise« – ist das Mittel, das der HEILIGE GEIST anwendet, um uns aus unseren Träumen des Urteilens und des Schmerzes aufzuwecken. Auch die Vergebung ist ein Traum, doch wird sie im Kurs als »glücklicher Traum« bezeichnet, der den Graben zwischen den Alpträumen des Ego und dem Erwachen und Gewahrwerden der WIRKLICHKEIT überbrückt. Wie es im Kurs heißt:

> So schrecklich ist der Traum, so scheinbar wirklich, daß er [GOTTES SOHN] nicht ohne Angstschweiß und einen Schrei der Todesangst zur Wirklichkeit erwachen könnte, wenn nicht ein sanfterer Traum seinem Erwachen vorausgehen und es seinem ruhigeren Geist erlauben würde, die STIMME willkommen zu heißen und nicht zu fürchten, DIE mit Liebe ruft, ihn aufzuwecken; ein sanfterer Traum, in dem sein Leiden geheilt und sein Bruder ihm ein Freund ist. GOTT wollte, daß er sanft und voller Freude erwache, und gab ihm die Mittel, furchtlos zu erwachen (T-27.VII.13:4-5).

> Das Ziel, das des HEILIGEN GEISTES Lehre setzt, ist ebendieses Ende der Träume. Denn Anblicke und Geräusche müssen von den Zeugnissen der Angst in diejenigen der Liebe übersetzt werden …
> Von der Erkenntnis, wohin ER von GOTT gestellt ward, ruft der HEILIGE GEIST dir zu, Vergebung über deinen Träumen ruhen und dich der geistigen Gesundheit und dem Geistesfrieden zurückerstatten zu lassen. Ohne Vergebung werden deine Träume bleiben, um dich in Angst und Schrecken zu versetzen. Und die Erinnerung an all die LIEBE deines VATERS wird nicht zurückkehren, um dir zu bekunden, daß der Träume Ende gekommen ist (Ü-II.7.2:1-2, 4).

Betrachten wir die Abbildung im Anhang, so stellen wir fest, daß die Rechtgesinntheit als Wohnstatt des HEILIGEN GEISTES die Alpträume des falschgesinnten Ego berichtigt. Da GOTT uns den HEILIGEN GEIST als Hilfe in unserem Geist mitgegeben hat, um unsere Illusionen aufzuheben und unsere Fehlwahrnehmungen zu berichtigen, ist ER der TRÖSTER, FÜHRER, LEHRER und die ANTWORT auf alle scheinbaren vom Ego erfundenen Probleme. Als STIMME der Gruppe der LICHTWESEN ist der HEILIGE GEIST das Prinzip der SÜHNE, GOTTES Berichtigung unseres Glaubens, die Trennung von IHM hätte tatsächlich stattgefunden. Durch den HEILIGEN GEIST in unserem Geist wartet die SÜHNE nur darauf, daß wir sie annehmen; und dies wird durch die Vergebung erreicht:

> Das volle Gewahrsein der SÜHNE ist somit die Einsicht, daß *die Trennung nie stattgefunden hat* (T-6.II.10:7).

> Es ist nur eine Frage der Zeit, daß die SÜHNE von allen angenommen wird. Das mag scheinbar im Widerspruch zum freien Willen stehen, weil die letzte Entscheidung unausweichlich ist, aber dem ist nicht so. Du bist des Aufschubs und ungeheurer Verzögerungen fähig, doch kannst du nicht völlig von deinem SCHÖPFER scheiden, DER deiner Fähigkeit, fehlzuerschaffen, die Grenzen setzte (T-2.III.3:1-3).

Der HEILIGE GEIST ist diese »Grenze«, denn SEINE Anwesenheit in unserem Geist stellt sicher, daß wir, wie es andernorts im Kurs heißt, nie gänzlich wahnsinnig sein können. GOTTES liebende GEGENWART garantiert, daß jeder zu irgendeinem Zeitpunkt SEINEN RUF hören, erwachen und SEINER innewerden wird. »Der Ausgang«, wird uns im Kurs versichert, ist »ebenso gewiß wie GOTT« (T-4.II.5:8).

Die Vergebung wird durch das Wunder ausgelöst, das als Berichtigung unserer fehlerhaften Denkweise und Wahrnehmung bezeichnet wird; es verschiebt diese von Urteil, Verdammung und Groll zu Vergebung und Verbindung. Das wird im Kurs folgendermaßen erklärt:

> Das Wunder tut nichts. Das einzige, was es tut, ist, aufzuheben. Und so löscht es die Beeinträchtigung dessen aus,

> was getan worden ist. Es fügt nicht bei, sondern nimmt nur weg. Und was es wegnimmt, ist seit langem schon vergangen, doch weil es in Erinnerung behalten wird, scheint es augenblickliche Wirkungen zu haben. Diese Welt war schon vor langer Zeit vorbei. Die Gedanken, von denen sie gemacht ward, sind nicht mehr in dem Geist, der sie sich ausgedacht hat und eine kleine Weile liebte (T-28.I.1:1-7).

Das Wunder ist also ein Wechsel der Wahrnehmung von der Falschgesinntheit des Ego zu deren Berichtigung: der Rechtgesinntheit des HEILIGEN GEISTES. Dieser Wechsel hebt die Schranken auf, die uns voneinander und letztlich von unserem SCHÖPFER – unserer QUELLE – trennen. Vergebung, SÜHNE, Heilung, *Erlösung* und *wahre Wahrnehmung* sind im Kästchen der Rechtgesinntheit in der Abbildung im Anhang praktisch gleichbedeutend mit dem *Wunder*. Diese Begriffe sind praktisch alle austauschbar.

Erinnern Sie sich an den Grundgedanken im Denksystem des Ego, der sowohl bei seiner Entstehung als auch in der Erfahrung jedes einzelnen besagt, daß ein anderer – alle und jeder – für den elenden Zustand verantwortlich ist, in dem wir uns befinden. Dazu heißt es im Kurs:

> Die »Argumentation«, durch die die Welt gemacht wird, auf der sie beruht und von der sie aufrechterhalten wird, ist einfach diese: »*Du* bist die Ursache meines Tuns. Deine Gegenwart rechtfertigt meinen Zorn, und du existierst und denkst getrennt von mir. Während du angreifst, muß ich unschuldig sein. Und das, woran ich leide, ist dein Angriff« (T-27.VII.3:1-4).

Die Vergebung setzt genau bei diesem Gedanken an, die Verantwortung für unser eigenes Denken, unsere Entscheidungen und Handlungen zu projizieren. Das, was im Kurs mit Vergebung gemeint ist, unterscheidet sich vollkommen von dem, was die Welt darunter versteht, wie auch von der 2000jährigen christlichen Lehre und Übung. Wir vergeben einander das, was man uns *nicht* angetan hat, und übersehen oder verzeihen einander nicht etwas, was andere uns, anderen oder Gruppen, mit denen wir uns identifizieren, unserer Ansicht nach angetan haben. Was heißt das?

Die Vergebung geht grundsätzlich von einer inneren Veränderung unseres Selbstbildes aus. Haben wir das Selbstbild eines verletzlichen, schuldbeladenen Selbst, eines unschuldigen Opfers, das in einer als bedrohlich und feindselig wahrgenommenen Welt festhängt, können wir nicht umhin, ebenfalls zu glauben, daß andere uns dies angetan haben und daß ihnen die Sünden, die sie gegen uns begangen haben, niemals vergeben werden können. Der Kurs besagt:

> Niemand kann aus einem Traum erwachen, den die Welt für ihn träumt. Er wird zu einem Teil des Traumes eines anderen. Er kann nicht beschließen, aus einem Traum zu erwachen, den er nicht gemacht hat. Hilflos steht er da, das Opfer eines Traumes, den ein von ihm getrennter Geist erdacht hat und der diesem lieb und teuer ist (T-27.VII.8:1-4).

Erinnern wir uns hingegen an unsere IDENTITÄT als CHRISTUS – indem wir die STIMME des HEILIGEN GEISTES, den RUF der LICHTWESEN hören –, dann erkennen wir unsere angeborene Unverletzlichkeit als sündenlose Kinder GOTTES wieder. Dann können wir die Situation anders betrachten. Anstatt die Projektionen unseres Selbsthasses, den wir eben noch außerhalb von uns wahrnahmen – der Grundfehler der mittleren Gruppe –, als wirklich anzusehen, erkennen wir nunmehr, wie illusionär unser Versuch ist, die Trennung durch den Angriff auf andere für uns wahr zu machen:

> Illusionen über dich selber und die Welt sind eins. Deshalb ist jede Vergebung eine Gabe an dich selbst. Dein Ziel ist, herauszufinden, wer du bist, nachdem du deine IDENTITÄT dadurch verleugnet hast, daß du die Schöpfung und ihren SCHÖPFER angegriffen hast. Jetzt lernst du, wie du dich an die Wahrheit erinnern kannst. Dazu muß Vergebung den Angriff ersetzen, damit Gedanken des Lebens die Gedanken des Todes ersetzen können (Ü-I.62.2).

Das Ego sieht jede Situation so, als gebe es zwei Kategorien darin: diejenigen, die angegriffen werden, und diejenigen, die angreifen, d. h. Opfer und Täter. Der HEILIGE GEIST sieht ebenfalls zwei Kategorien, die SEINEN aber sind völlig ohne Angriff und Schuldzuweisung. Jede Situation in der Welt ist in SEINER liebevollen Wahrnehmung entweder ein Ausdruck der LIEBE GOTTES oder ein Ruf danach. Daher äußern diejenigen, die anzugreifen scheinen, nur ihr eigenes Selbstkonzept der Schuld und Angst, gegen welches sie sich dadurch schützen, daß sie dem Heilsplan des Ego folgen und andere angreifen. Dabei rufen sie nach GOTTES LIEBE, die sie ihrer uralten Erinnerung zufolge verleugnet haben und derer sie nicht würdig sind, wie sie glauben:

> Wenn nur Angriff Angst erzeugt und wenn du Angriff als den Hilferuf siehst, der er ist, muß es dir dämmern, daß die Angst unwirklich ist. Denn Angst *ist* ein Ruf nach Liebe, im unbewußten Erkennen dessen, was verleugnet wurde (T-12.I.8:12-13).

Wir haben bereits gesehen, daß das Ego seine Schuld stets in Form von Haß und Angriff projiziert. Der erste Schritt zur Vergebung ist also der, anzuerkennen, daß wir uns, wie es im Übungsbuch heißt, nie aus dem Grund aufregen, den wir meinen, und daß unser Ärger nie gerechtfertigt ist. Außerdem müssen wir einsehen, daß wir alleine nicht weiterkommen. Im Kurs wird wiederholt betont, daß der HEILIGE GEIST nur unserer kleinen Bereitwilligkeit bedarf, die Gültigkeit unseres Urteils in Frage zu stellen. Mit SEINER Hilfe ziehen wir unsere Projektionen von außerhalb nach innen zurück und erinnern uns daran, daß *wir* der Träumer dieses Traumes sind, in dem wir zum Opfer gemacht werden. Somit können wir uns auch für einen glücklichen Traum der Vergebung entscheiden, in dem unsere »Feinde« und wir uns in einem häufig unbewußten Verlangen verbinden, aus diesem Traum der Hölle zu erwachen, statt durch die Projektionen von Schuld und Angriff unseres Ego voneinander verschieden und getrennt zu bleiben.

Haben wir erst einmal unsere Projektionen zurückgezogen und die volle Verantwortung als Entscheider für unsere Gefühle der Trennung und der Schmerzen übernommen, besteht der nächste Schritt im Prozeß der Vergebung darin, den HEILIGEN GEIST um Hilfe bei der Veränderung unserer Selbstwahrnehmung zu bitten. Wir bitten also nicht nur um Vergebung für die jeweilige Situation, sondern auch für uns. Im Kurs lesen wir:

> Vor dem Haß, den GOTTES SOHN sich selber gegenüber hegen mag, sei GOTT, so glaubt man, ohne Macht, das, was ER erschaffen hat, aus dem Schmerz der Hölle zu erlösen. Doch in der Liebe, die er sich selber gegenüber zeigt, wird GOTT frei gemacht, SEINEN WILLEN geschehen zu lassen. In

> deinem Bruder siehst du das Abbild deines eigenen Glaubens an das, was GOTTES WILLE für dich unausweichlich ist. In deiner Vergebung wirst du SEINE LIEBE zu dir verstehen, durch deinen Angriff aber glauben, ER hasse dich, und denken, der HIMMEL müsse die Hölle sein. Schau noch einmal auf deinen Bruder, nicht ohne das Verständnis, daß er der Weg zu HIMMEL oder Hölle ist – wie du ihn wahrnimmst. Vergiß das aber nicht: Die Rolle, die du ihm gibst, wird auch dir gegeben, und du wirst den Weg gehen, den du ihm gewiesen hast, weil das dein Urteil über dich selber ist (T-25.V.6).

Mit anderen Worten: Kein Fehler, den wir oder andere begangen haben, rechtfertigt unseren Ärger oder unsere Schuld, die innerhalb des Ego-Systems unweigerlich zur Bestrafung führen. Wie es im Kurs immer wieder heißt, verlangt das Ego, daß Sünden bestraft werden, während der HEILIGE GEIST nur Fehler sieht, die der Berichtigung bedürfen.

Nehmen wir zum Beispiel eine enge Beziehung an, in der uns unserer Ansicht nach Unrecht geschehen ist und wir infolge einer als ungerecht beurteilten Behandlung verletzt sind. Als Schüler des Kurses erkennen wir dies als eine neue Situation in der Schule des Lebens an, in der wir Vergebung üben können. Im Wissen darum, daß ein innerer LEHRER in unserem Geist weilt, entscheiden wir uns dafür, IHN um Hilfe zu bitten. Das führt zur Einsicht, daß unsere ärgerlichen, verletzten und urteilenden Ego-Gefühle nicht zu unserem Besten sind, denn »Groll hegen ist ein Angriff auf GOTTES Heilsplan« (Ü-I.72).

Diese Einschätzung erfordert nur die kleine Bereitwilligkeit unsererseits, unsere Deutung der Lage in Frage zu stellen. Der Kurs wirft die Frage auf: »Möchtest du lieber recht haben oder glücklich sein?« (T-29.VII.1:9). Die Falschgesinntheit will immer »recht« haben, doch auf Kosten unseres Glücks. Die »Rechthaberei« des Ego drückt sich stets als Ärger oder Haß in irgendeiner Form aus, die jedoch Schuld und Schmerz jeweils nur vergrößern. Die Rechtgesinntheit beachtet die Ermahnung des Kurses: »Hüte dich vor der Versuchung, dich als ungerecht behandelt wahrzunehmen« (T-26.X.4:1) und entscheidet sich daher für das Glück des Ablegens von Beurteilungen wie »richtig« und »falsch«, »Opfer« und »Täter«. Daraus entsteht unvermeidlich die Freude der Erinnerung an die Einheit aller Menschen ohne jede Ausnahme.

Die Vergebung bringt auch das Annehmen der schmerzlichen Tatsache mit sich, daß wir unbewußt ungerecht behandelt werden wollten, weil dies unser Selbstkonzept des unschuldigen Opfers rechtfertigt. Ohne Täter kann eine solche Einstellung offensichtlich nicht beibehalten werden. Wie im Kurs erläutert wird, schicken wir deshalb ständig Boten der Angst aus, die uns die erwünschten Botschaften zurückbringen sollen, um die »Wirklichkeit« einer feindseligen, gleichgültigen Welt zu bezeugen. Gegen diese Welt müssen wir stets auf der Hut sein und brauchen ständigen Schutz, was häufig »gerechtfertigte« Rachegefühle nach sich zieht. Ob wir nun für die Handlungen anderer in einer gegebenen Situation »verantwortlich« sind oder nicht, fest steht, daß wir dafür verantwortlich sind, ungerecht behandelt werden zu *wollen*, und daher sind wir verantwortlich für unsere ärgerlichen Reaktionen, mit denen wir auf unsere Unschuld pochen. Eine sehr eindrucksvolle Stelle im Kurs lautet:

> Das Geheimnis der Erlösung ist nur dies: Daß du dir dieses selber antust. Der Form des Angriffs völlig ungeachtet

> ist dies dennoch wahr. Wer immer auch die Rolle von Feind und von Angreifer übernimmt, dies ist trotzdem die Wahrheit. Was immer auch die Ursache von irgendeinem Schmerz und Leiden, das du verspürst, zu sein scheint, dies ist dennoch wahr. Denn du würdest gar nicht auf Figuren reagieren in einem Traum, von dem du wüßtest, daß du ihn träumst. Laß sie so haßerfüllt und so bösartig sein, wie sie nur wollen, sie könnten keine Wirkung auf dich haben, es sei denn, du versäumtest zu begreifen, daß es dein Traum ist (T-27.VIII.10).

Wie wir bereits sahen, hat unser Ego die Welt mit besonderen Beziehungspartnern bevölkert. Diesen müssen wir vergeben, sowohl denen, die wir gehaßt haben, als auch denen, die wir zu lieben glaubten. Wenn wir sie dem HEILIGEN GEIST anvertrauen, verwandelt er diese Beziehungen, die bislang die Stätte der Schuld waren und uns noch stärker in der Ego-Welt gefangen hielten, in heilige Beziehungen; Beziehungen, deren Ziel von Schuld zu Vergebung, von Unheiligkeit zu Heiligkeit verschoben wurde:

> Die heilige Beziehung ... ist die alte, unheilige [besondere] Beziehung, die umgewandelt und neu gesehen wird. Die heilige Beziehung ist eine phänomenale Leistung des Lehrens. In all ihren Aspekten – ihrem Anfang, ihrer Entwicklung und Vollendung – stellt sie die Umkehrung der unheiligen Beziehung dar (T-17.V.2:1-4).

Die heilige Beziehung stellt einen *Prozeß* der Vergebung dar, der gewöhnlich so empfunden wird, daß die Beteiligten in ihrer Beziehung zueinander zwischen Besonderheit und Heiligkeit hin und her schwanken, einen Augenblick lang Groll hegen, den sie im nächsten Moment fallenlassen, nur um ihn später wiederaufzunehmen. Im Kurs wird der Begriff »heiliger Augenblick« für das Zeitintervall verwendet, in dem wir das Wunder der Vergebung statt Angriff und Groll wählen, eine heilige Beziehung anstelle der Besonderheit:

> Die heilige Beziehung ist der Ausdruck des heiligen Augenblicks, wenn man in dieser Welt lebt. Wie alles, was die Erlösung angeht, ist der heilige Augenblick eine praktische Einrichtung, für die ihre Resultate zeugen. Der heilige Augenblick mißlingt niemals. Die Erfahrung des heiligen Augenblicks wird immer empfunden. Doch ohne Ausdruck wird er nicht erinnert. Die heilige Beziehung ist ein ständiges Erinnertwerden an die Erfahrung, in der die Beziehung zu dem wurde, was sie ist (T-17.V.1:1-6).

> Von dir wird nur verlangt, der Wahrheit Platz zu machen. Von dir wird nicht verlangt, etwas zu tun oder zu machen, was dein Verständnis übersteigt. Das einzige, was von dir erbeten wird, ist, *sie einzulassen*; nur aufzuhören, das zu behindern, was von selbst geschieht … Der heilige Augenblick ist nicht ein Augenblick der Schöpfung, sondern des Wiedererkennens. Wiedererkennen nämlich kommt von der Schau und vom Einstellen des Urteilens … Aufheben ist nicht deine Aufgabe, aber es *liegt* bei dir, es zu begrüßen oder nicht (T-21.II.7:6-8; 8:2-3, 5).

Doch diesen Augenblick müssen wir immer wieder wählen, bis er uns genauso zur Gewohnheit geworden ist wie Atmen und bis die heiligen Augenblicke so zunehmen, daß der ganze Tag zu einem einzigen heiligen Augenblick der Vergebung wird. Das ist die Haltung und die Schau, die das Ziel des Kurses – die wirkliche Welt – ausmachen.

Das Ego nimmt einen solchen Wechsel jedoch nicht untätig hin. Da wir uns bereits dem Heilsplan des Ego verschrieben hatten, betrachtet es unsere Wende der Loyalität zum HEILIGEN GEIST als Verrat und Kriegserklärung. Jetzt wechselt das Ego oft von Mißtrauen zu Bösartigkeit, wie im Kurs erläutert wird (T-9.VII.4:7). Später im Textbuch wird das Unbehagen erwähnt, das wir verspüren, wenn wir das Ziel in unseren Beziehungen von Schuld zu Vergebung verrücken:

> Im Übergang gibt es eine Phase der Verwirrung, in der ein Gefühl tatsächlicher Desorientierung auftreten kann (T-16.VI.7:4).

> Sogleich ersetzt SEIN Ziel das deine. Das wird ganz schnell vollbracht, aber dadurch erscheint die Beziehung gestört, disparat und sogar ziemlich qualvoll (T-17.V.3:2-3).

Bei der Behandlung der sechs Entwicklungsstadien des Vertrauens im Handbuch für Lehrer werden vier aufgeführt, in denen ebenfalls einiges Unbehagen auftritt, nämlich die »Phase des Aufhebens«, des »Aussortierens«, des »Aufgebens« und des »Ins-Wanken-Bringens« (H-4.I.3-5, 7). In diesen steigt die Angst hoch, die wir, wie das Ego uns gelehrt hat, mit dem Hören auf den HEILIGEN GEIST und der Rückkehr zu GOTT in Zusammenhang bringen. Treffen wir die Wahl, auf SEINE STIMME der LIEBE und Vergebung zu hören, versucht das Ego stets, uns an die Strafe zu erinnern, die wir infolge unserer Sünde gegen GOTT zu erwarten haben.

> Daher wird das Ego dich höchstwahrscheinlich dann angreifen, wenn du liebevoll reagierst, weil es dich als lieblos

> bewertet hat und du seiner Bewertung zuwiderläufst. Das Ego wird deine Beweggründe angreifen, sobald sie mit seiner Wahrnehmung von dir eindeutig nicht mehr übereinstimmen (T-9.VII.4:5-6).

> Das Ego wird jede Anstrengung unternehmen, sich zu erholen und seine Energien gegen deine Befreiung zu mobilisieren (T-9.VIII.4:5).

Demnach sind Geduld und Übung nötig, um mit der Zeit unseren Geist wieder dahingehend umzupolen, daß wir Frieden mit GOTT und Schmerz mit dem Ego assoziieren.

Ein wichtiger Bestandteil des Lehrplans – des Plans der SÜHNE –, den der HEILIGE GEIST für uns hat, ist die zunehmende Dankbarkeit für die Lernmöglichkeiten, die uns unsere besonderen Beziehungen bieten. Ohne diese Beziehungen, auf die wir unsere unbewußte Schuld projizierten, wäre es uns niemals möglich, das anzuschauen, was das Ego versteckt gehalten hat, und mit Hilfe des HEILIGEN GEISTES zu lernen, es zu vergeben. Daher sollten wir eine Haltung der Dankbarkeit einnehmen, und zwar nicht etwa, weil andere uns angegriffen haben, sondern weil dieser scheinbare Angriff das zutage gefördert hat, was sonst auf ewig in unserem Geist verborgen geblieben wäre. Diese Dankbarkeit seitens der mittleren Gruppe hätte ihr erlaubt, nach innen zu schauen und ihren eigenen Fehler zu vergeben, anstatt zu glauben, er liege außerhalb von ihr.

Die Übung des heiligen Augenblicks, in dem der Wechsel vom Ziel der Besonderheit, also der Schuld, zum Ziel der Heiligkeit, der Vergebung, vollzogen wird, bezeichnet der Kurs als die »besondere Funktion«, die uns vom HEILIGEN GEIST aufgetragen wird:

> Das ist die gütige Wahrnehmung des HEILIGEN GEISTES von der Besonderheit; so verwendet ER das, was du gemacht hast, zum Heilen statt zum Schaden. Jedem gibt ER eine besondere Funktion in der Erlösung, die er allein erfüllen kann, eine Rolle nur für ihn. Und der Plan ist nicht vollständig, solange er seine besondere Funktion nicht findet und die Rolle nicht erfüllt, die ihm zugewiesen wurde, um sich in einer Welt, in der Unvollständigkeit herrscht, vollständig zu machen … Vergebung ist die einzige Funktion, die in der Zeit bedeutungsvoll ist. Sie ist das Mittel, das der HEILIGE GEIST verwendet, um Besonderheit von Sünde in Erlösung zu übersetzen …
> Erlösung ist nicht mehr als ein Gemahnen, daß diese Welt nicht dein Zuhause ist … Das wird gesehen und verstanden, wenn jeder sein Teil übernimmt, um sie aufzuheben, wie er es tat, um sie zu machen. Er hat die Mittel für beides, wie schon seit jeher. Die Besonderheit, die er gewählt hat, um sich selbst zu verletzen, hat GOTT genau von dem Moment an zum Mittel für sein Heil bestimmt, als die Wahl getroffen wurde. Seine besondere Sünde wurde zu seiner besonderen Gnade gemacht. Sein besonderer Haß wurde seine besondere Liebe [*hier positiv verwendet*] (T-25.VI.4; 5:3-4; 6:1, 4-8).

Die Erfüllung der eigenen besonderen Funktion der Vergebung führt zu dem, was im Kurs »Schau CHRISTI« oder »wahre Wahrnehmung« genannt wird:

> Die Gnade GOTTES ruht sanft auf Augen, die vergeben, und alles, worauf sie schauen, spricht zum Betrachter nur von IHM. Er kann nichts Böses sehen, nichts, was es in der Welt zu fürchten gäbe, und niemanden, der anders ist als er. Und so, wie er sie liebt, schaut er mit Liebe und mit Sanft-

> mut auf sich selbst. Er würde ebensowenig sich selbst für seine Fehler verurteilen wie einen anderen verdammen. Er ist kein Herr der Rache noch ein Bestrafer für die Sünde. Die Güte seiner Sicht ruht auf ihm selbst mit der ganzen Zärtlichkeit, die sie anderen anbietet. Denn er möchte nur heilen und nur segnen. Und da er mit dem, was GOTT will, im Einklang ist, hat er die Macht, all diejenigen zu heilen und zu segnen, auf die er mit Augen schaut, auf denen GOTTES Gnade ruht (T-25.VI.1).

Das Erlernen der Vergebung, die wir in unseren besonderen Beziehungen üben, findet in der Schule unseres Alltagslebens statt. Daher ist *Ein Kurs in Wundern* wie ein Lehrbuch aufgebaut. Es zielt wie jeder Lehrer darauf ab, daß der Schüler die Lektionen am Ende auf jede Situation anwendet. Wir werden darin bestärkt, unsere Vergebungslektionen mit allen einzelnen Lernpartnern zu üben, um eines Tages das Lernziel zu erreichen, daß es nichts zu vergeben gibt, weder in anderen noch in uns selbst: Die Trennung von GOTT hat niemals wirklich stattgefunden außer in Träumen, die keinerlei Wirkung auf die WIRKLICHKEIT hatten. Der Kurs zielt darauf ab, daß wir seine Lehre in unser Leben integrieren, um jeden Augenblick – von der Geburt bis zum Tod, von morgens bis abends – als »eine weitere Situation … in der die Gabe GOTTES wiederum als unsere wahrgenommen werden kann« (T-31.VIII.9:1) zu betrachten. Diese Gabe wird uns jedes Mal angeboten, wenn wir versucht sind, jemand anderen der Sünde zu bezichtigen. Der Kurs ermahnt uns:

> Deines Bruders Sündenlosigkeit wird dir in strahlendem Licht zuteil, um sie zu schauen mit der Schau des HEILIGEN GEISTES und dich mit IHM gemeinsam an ihr zu erfreuen …

> Sei denn gewillt, deinen Bruder sündenlos zu sehen, damit CHRISTUS vor deiner Schau erstehen und dir Freude schenken möge (T-20.VIII.3:1, 3).

Wenn wir das, was wir in diesem Kapitel besprochen haben, mit unserem Mythos in Zusammenhang bringen, ist die folgende Kursstelle aufschlußreich:

> Die Wahrheit wird dir durch dein Verlangen wiedergegeben, so wie sie durch dein Verlangen nach etwas anderem für dich verloren war. Öffne den heiligen Ort, den du dadurch verriegelt hast, daß du dem »anderen« Wert beigemessen hast, und das, was nie verloren war, wird ruhig wiederkehren. Es wurde für dich aufbewahrt (T-20.VIII.1:2-4).

Im Mythos sahen wir, daß die Gruppe der LICHTWESEN unablässig die mittlere Gruppe auf den Unterschied zwischen Wahrheit und Illusion aufmerksam zu machen suchte und darauf, daß Widerstand gegen eine Illusion dieser in ihrem Geist Wirklichkeit verleihen würde. Das »andere«, das die mittlere und dunkle Gruppe gewählt hatten, existierte in WIRKLICHKEIT überhaupt nicht. Es gab zu nichts anderem Anlaß als zu einem Lächeln über die törichte, verrückte, anmaßende Idee, einen Ersatz für GOTT und den HIMMEL hervorzubringen. Das entspricht der Lehre des Kurses, wir sollten dem Irrtum keine Wirklichkeit verleihen, was Opposition stets bewirkt. Unsere Lektion ist deutlich: Jedes Mal, wenn wir versucht sind, uns irgend jemandem oder irgend etwas zu widersetzen, gehen wir einmal mehr in die Ego-Falle, Illusionen wahr zu machen und daher die WIRKLICHKEIT als falsch einzustufen. Im Kurs werden wir gebeten, uns dem »sanften Lachen« des HEILIGEN GEISTES anzuschließen, wenn wir gemeinsam auf das schauen, was uns und anderen Schmerz zu bereiten scheint:

> Vielleicht kommst du in Tränen. Doch hör IHN sagen: »Mein Bruder, heiliger SOHN GOTTES, sieh deinen nichtigen Traum, in dem dieses geschehen konnte.« Und du wirst den heiligen Augenblick verlassen, in dem dein Lachen und das deines Bruders sich mit dem SEINEN verbunden hat (T-27.VIII.9:6-8).

In dieser Welt gibt es unzählige Versuchungen, dem Irrtum (der Trennung) Wirklichkeit zu verleihen, und sie reichen von der Sorge um Atomkriege, Trauer und Zorn wegen der Judenvernichtung bis zu unseren Reaktionen auf die beinahe täglichen Nachrichten von Vergewaltigungen, Mord und Diebstahl. Auch im eigenen Leben geraten wir in Dutzenden und Aberdutzenden von größeren und kleineren Problemsituationen täglich in dieselbe Versuchung. Opfer und Täter in Situationen wahrzunehmen, die anscheinend dringendes Eingreifen erfordern, scheint nur eine normale menschliche Reaktion zu sein. Aber wie normal ist es, die SOHNSCHAFT in Bruchstücke aufzuspalten, von denen jedes Krieg gegen das andere führt, und zu glauben, unser liebender SCHÖPFER stehe hilflos daneben, machtlos, den Ungerechtigkeiten dieser Welt Einhalt zu gebieten, die ER erschaffen haben soll?

Es ist leicht, mit den Mitgliedern der mittleren Gruppe mitzufühlen, die die LICHTWESEN anflehen, doch etwas zu unternehmen, um den Greueln der Ego-Welt Einhalt zu gebieten oder sie zu verhindern. Doch können wir nur den Rat des Kurses wiederholen: »Vertraue nicht deinen guten Absichten. Sie reichen nicht aus« (T-18.IV.2:1-2). Die Geschichte hat gezeigt, wie sinnlos es ist, Ungerechtigkeiten ein Ende setzen zu wollen, und legt Zeugnis davon ab, daß es unmöglich ist, Illusionen mit Illusionen, Opposition mit Opposition und Angriff mit Gegenangriff zu bekämpfen. Der Kurs lehrt in Worten, die sehr wohl von den LICHTWESEN hätten stammen können:

> Wie überwindet man Illusionen? Sicher nicht mit Gewalt oder Ärger oder indem man sich ihnen auf irgendeine Weise widersetzt. Einfach dadurch, daß du die Vernunft dir sagen läßt, daß sie der Wirklichkeit widersprechen. Sie laufen dem zuwider, was wahr sein muß. Das Sichwidersetzen kommt von ihnen, nicht von der Wirklichkeit. Die Wirklichkeit widersetzt sich nichts. Was einfach *ist*, braucht keine Abwehr und bietet keine an. Nur Illusionen brauchen eine Abwehr um ihrer Schwäche willen. Und wie kann es schwierig sein, den Weg der Wahrheit zu beschreiten, wenn sich nur Schwäche in den Weg stellt? *Du* bist der Starke in diesem scheinbaren Konflikt. Und du brauchst keine Abwehr (T-22.V.1:1-11).

> Die Wahrheit kämpft nicht gegen Illusionen, noch kämpfen Illusionen gegen die Wahrheit. Illusionen kämpfen nur gegen sich selbst. Da sie fragmentiert sind, fragmentieren sie. Die Wahrheit jedoch ist unteilbar und liegt weit jenseits ihrer kleinen Reichweite. Du wirst dich an das, was du weißt, erinnern, wenn du gelernt hast, daß du gar nicht in Konflikt sein kannst. Eine Illusion, die du über dich hegst, kann eine andere bekämpfen, doch ist der Krieg zwischen zwei Illusionen ein Zustand, in dem nichts geschieht. Da gibt es keinen Sieger, und es gibt keinen Sieg. Und die Wahrheit steht strahlend da, abseits des Konflikts, unberührt und still im Frieden GOTTES (T-23.I.7:3-10).

Nur wenn wir uns »über das Schlachtfeld« der Illusionen erheben und auf den wahnsinnigen Traum zurückblicken, der sich unter uns abspielt, können wir wahrhaft Werkzeuge des Friedens werden. Der Friede entsteht nicht durch Widerstand, sondern allein durch »Leugnung der Verleugnung der Wahrheit« (T-12.II.1:5), mit anderen Worten dadurch, daß wir die Verleugnung GOTTES durch das Ego nicht verstärken, indem wir Angriff und Schmerz für wirklich halten. Der Kurs befaßt sich mit unserer Haltung und unseren Wahrnehmungen – *wie* sehen wir die Welt –, nicht mit unserem Verhalten. Da der Kurs so klar besagt, daß die Welt illusionär ist: »Es gibt keine Welt! Das ist der zentrale Gedanke, den der Kurs zu lehren versucht« (Ü-I.132.6:2-3), wäre es sinnlos, wenn er sich zu Eingriffen in eine Welt äußern würde, die gar nicht existiert.

Wir haben jedoch auch bereits erwähnt, daß der Kurs ganz auf die Praxis ausgerichtet ist; damit ist nicht unbedingt gemeint, daß wir angesichts von etwas, was wie ein Angriff oder eine Ungerechtigkeit aussieht, nichts *tun* sollen. Im Kurs werden uns Richtlinien für das Leben in dieser Welt des Ego angeboten, doch dahingehend, unseren Geist vom »rauhen Geschrei« des Ego zu befreien, das uns daran hindert, die STIMME des HEILIGEN GEISTES zu hören, DER uns *in der Tat* führt. Der Kurs empfiehlt also nicht, einfach untätig zuzusehen, wenn der Ruf nach Liebe eines Menschen sich in Form von Angriff äußert. Er legt hingegen dringend nahe, den »Angreifer« nicht zu verurteilen. Vielmehr werden wir gebeten, hinter die Form des »Angriffs« zur Ursache zu blicken – der ihm zugrundeliegenden Schuld und dem Ruf nach Liebe, den die gesamte SOHNSCHAFT miteinander teilt. Schuld und Angst – die Störungen des Ego – können nur durch Vergebung und Liebe aufgehoben werden. Ärgerliche Oppositionsgedanken unsererseits lösen das Problem nicht, weil sie nur den Glauben an die Trennung verstärken, und *ebendieser* ist das Problem. Das, was der Berichtigung bedarf, ist unsere Haltung des Urteilens, nicht das Verhalten anderer:

> Der HEILIGE GEIST lehrt dich nicht, andere zu beurteilen, weil ER nicht will, daß du Irrtum lehrst und selber lernst. ER wäre wohl kaum konsequent, wenn ER zuließe, daß du bestärkst, was du vermeiden lernen mußt. Im Geist des Denkenden *hat* ER also eine urteilende Funktion, doch nur, um den Geist zu einen, damit er ohne Urteil wahrnehmen kann. Das ermöglicht es dem Geist, ohne Urteil zu lehren und daher auch zu lernen, ohne Urteil zu *sein.* Aufheben ist nur in deinem Geist notwendig, damit du nicht projizierst, statt auszudehnen (T-6.V-C.2:1-5).

Wenn wir unseren Widerstand gegen diejenigen, die wir als schlecht beurteilt hatten, aufgeben – z. B. die Mitglieder der dunklen Gruppe –, negieren wir eigentlich die Wirklichkeit ihrer Sünde, von unserer eigenen ganz zu schweigen. Ohne die Macht der gemeinsamen Illusion, dem Irrtum Wirklichkeit verliehen zu haben, verschwindet der Gedanke der Sünde und der Schuld in uns und anderen zurück »in das Nichts … aus dem er kam« (H-13.1:2). Das ist die Macht der Vergebung, und dergestalt ist das HIMMELREICH auf Erden.

Wenn wir daran zurückdenken, daß die mittlere Gruppe der STIMME der LICHTWESEN den Rücken kehrte, begreifen wir, daß das Urteil über die dunkle Gruppe die Rückkehr zur GEISTIGEN GESUNDHEIT verhinderte. Jemand anderen als böse oder sündig zu beurteilen kommt, wie wir sahen, einer Selbstverurteilung gleich. Im Augenblick des Urteils fällt ein Schleier über unsere Augen, und wir werden der Wahrheit gegenüber blind; eine Mauer von Störgeräuschen erhebt sich, und wir werden der STIMME der Vergebung gegenüber taub. Deshalb werden wir inständig gebeten, als »offensichtliche Voraussetzung für das Hören der STIMME GOTTES« das Urteilen aufzugeben (H-9.2:4). Außerdem:

> Wenn du überhaupt auf Fehler reagierst, hörst du nicht auf den HEILIGEN GEIST. ER hat einfach über sie hinweggesehen, und wenn du sie beachtest, hörst du IHN nicht (T-9.III.4:1-2).

Trotz unserer ständigen Urteile und Angriffe gegen uns und andere bestätigt der Kurs: Der HEILIGE GEIST »ruft dich noch immer, zurückzukehren, und du wirst IHN hören, wenn du keine anderen Götter neben IHN stellst« (T-10.III.11:3). Diese »anderen Götter« sind alles und jedes innerhalb des Ego-Denksystems, Urteile, an denen wir innerlich so stark festhalten, daß »nur sehr wenige … GOTTES STIMME überhaupt hören« können (H-12.3:3).

Zusammenfassend können wir also sagen, daß der Kurs uns nahelegt, uns in Situationen, in denen persönliche oder kollektive Ungerechtigkeiten zum HIMMEL schreien und wir Maßnahmen dagegen in dieser Welt ergreifen wollen, zuerst nach innen zu wenden und um Hilfe zur Entfernung der urteilenden Blockaden zu bitten, die uns daran hindern, die STIMME zu hören, die uns führen möchte. Schließlich wird uns im Kurs empfohlen: »Suche deshalb nicht, die Welt zu ändern, sondern entscheide dich, dein Denken über die Welt zu ändern« (T-21.Einl.1:7).

Somit haben wir in jedem Augenblick unseres Lebens Gelegenheit, unseren Geist heilen zu lassen, nicht nur in diesem Augenblick des individuellen Bewußtseins, sondern in jenem zeitlosen Augenblick des Schreckens, in dem wir immer noch vergessen wollen, wer wir sind. Sie sind derselbe Augenblick, wie es der Kurs lehrt:

> Prüfungen sind nur Lektionen, die du nicht gelernt hast und die dir nochmals dargeboten werden, so daß du dort, wo du vordem eine fehlerhafte Wahl getroffen hattest, jetzt eine bessere treffen und so allem Schmerz entrinnen kannst, den dir das brachte, was du vordem wähltest. In jeder Schwierigkeit, in jeder Not und jeglicher Ratlosigkeit ruft CHRISTUS dich und sagt dir sanft: »Mein Bruder, wähle noch einmal.« ER möchte keine Schmerzensquelle ohne Heilung und kein Bild übriglassen, um die Wahrheit zu verschleiern. ER möchte alles Elend von dir, den GOTT als den Altar zur Freude schuf, entfernen. ER möchte dich nicht ohne Trost allein in Träumen von der Hölle lassen, sondern deinen Geist von alledem befreien, was SEIN Antlitz vor dir versteckt. SEINE Heiligkeit ist deine, weil ER die einzige MACHT ist, die in dir wirklich ist. SEINE Stärke ist die deine, weil ER das SELBST ist, DAS GOTT als SEINEN einzigen SOHN erschuf (T-31.VIII.3).

Indem wir uns von unserer Beurteilung der Sünde anderer, die sich GOTT widersetzen wollen, abwenden, hören wir endlich auf die STIMME FÜR DIE WAHRHEIT und die LIEBE, die nie aufgehört hat, uns von dem Augenblick an zurückzurufen, in welchem wir beschlossen, uns taub zu stellen. Wir lassen unsere Widerstandsideen fahren und stellen fest, daß sie für uns durch das Gewahrsein der Einheit ersetzt werden, die stets bestand und darauf wartete, daß wir uns an sie erinnern. Nun ist unsere Wahrnehmung geheilt und der Friede endlich eingekehrt. Wir haben die wirkliche Welt, den letzten Schritt in der SÜHNE, erlangt.

9

Das Erwachen aus dem Traum: die Heimkehr

In *Ein Kurs in Wundern* lesen wir: »Nicht Erkenntnis ist die Motivation dafür, diesen Kurs zu lernen. Der Frieden ist es« (T-8.I.1:1-2). Mit anderen Worten, das Ziel des Kurses ist nicht der HIMMEL, in dem nur Erkenntnis herrscht. Vielmehr zielt er darauf ab, daß wir in dieser Welt leben und unseren Geist in reine Vergebung verwandeln lassen, was wiederum zu einer Erfahrung vollkommenen Friedens führt. Durch diese Verwandlung erlangen wir das, was der Kurs als »wirkliche Welt« bezeichnet. Diesen Kurs zu üben führt demnach nicht zur Vermeidung oder zum Verlassen dieser materiellen Welt. Für diejenigen, die solches befürchten, steht der folgende tröstliche Satz im Kurs:

> Befürchte nicht, daß du unvermittelt emporgehoben und in die Wirklichkeit geschleudert wirst. Die Zeit ist gütig, und wenn du sie zugunsten der Wirklichkeit nutzt, wird sie bei deinem Übergang sanft mit dir Schritt halten (T-16.VI.8:1-2).

Statt dessen wird uns im Kurs geraten, in dieser Welt zu leben, jedoch mit einer völlig verwandelten Sicht der Wirklichkeit, der Schau CHRISTI, die nur heilige Gedanken der Einheit des SOHNES GOTTES birgt.

> Wenn du das angeschaut hast, was erschreckend schien, und gesehen hast, wie es sich in Anblicke der Lieblichkeit und des Friedens wandelt; wenn du auf Szenen der Gewalt und des Todes geblickt und gesehen hast, wie sie sich in ruhige Ansichten von Gärten unter freiem Himmel mit klarem, lebenspendendem Wasser wandeln, das fröhlich in hüpfenden Bächen neben ihnen dahinfließt, die niemals versiegen: wer muß dich dann noch überzeugen, die Gabe der Schau anzunehmen? Und nach der Schau, wen gibt es, der ablehnen könnte, was danach kommen muß? Denke nur einen Augenblick darüber nach: Du kannst die Heiligkeit schauen, die GOTT SEINEM SOHN gegeben hat. Und nie brauchst du zu denken, daß es etwas anderes für dich zu sehen gibt (T-20.VIII.11).

Die wirkliche Welt ist eigentlich nichts anderes als unser Annehmen der glücklichen Träume des HEILIGEN GEISTES anstelle der Alpträume des Ego:

> Nimm den Traum an, den ER dir statt des deinen gab ... Ruhe im HEILIGEN GEIST und laß zu, daß SEINE sanften Träume den Platz derjenigen einnehmen, die du in Schrecken und in Todesangst geträumt hast. ER bringt Träume der Vergebung, in denen die Wahl nicht darin besteht, wer der Mörder ist und wer das Opfer sein soll. In den Träumen, die ER bringt, gibt es keinen Mord und keinen Tod. Der Traum der Schuld verblaßt vor deiner Sicht, wenn deine Augen auch geschlossen sind. Ein Lächeln ist gekommen, dein schlafendes Antlitz zu erhellen. Der Schlaf ist jetzt friedlich, denn dies sind glückliche Träume (T-27.VII.14:1, 3-8).

Auch die wirkliche Welt ist eine Illusion, denn sie berichtigt das, was nie geschehen ist. Doch ist sie die einzige Illusion, die über alle anderen hinausführt. Die wirkliche Welt ist ein Symbol vom Gegenteil dessen, was wir gemacht haben, und belegt, daß wir die Wahrnehmung des HEILIGEN GEISTES – das Gewahrsein der Gruppe der LICHTWESEN – angenommen haben. Sie ist das Zeichen dafür, daß vollkommene Vergebung eingetreten ist, denn nun ist das Ego aufgegeben und dient keinem Zweck mehr:

> Wie lieblich ist die Welt, deren Zweck Vergebung für den GOTTESSOHN ist! Wie frei von Angst, wie voll des Segens und des Glücks! Und welche Freude ist es, eine kleine Weile an einem solch glücklichen Ort zu verweilen! In einer solchen Welt kann auch nicht vergessen werden, daß es nur eine kleine Weile *ist*, bis die Zeitlosigkeit leise kommt, um an den Platz der Zeit zu treten (T-29.VI.6).

In der wirklichen Welt zu leben würde heißen, daß wir uns an die LICHTWESEN anschließen, um niemals mehr der illusionären Welt der Opposition der mittleren oder dunklen Gruppe in die Falle zu gehen. Alle noch verbleibenden Gedanken des Hasses gegen uns selbst oder andere verschwinden, und Liebe allen Lebewesen gegenüber wird zu unserem einzigen Gewahrsein. Dieser Wechsel führt dazu, daß sämtliche Urteile über uns und andere vollkommen aufgegeben werden – und das ist die Voraussetzung für den Frieden:

> Du hast keine Ahnung von der außerordentlichen Befreiung und dem tiefen Frieden, die eintreten, wenn du dir selber und deinen Brüdern völlig ohne jedes Urteil begegnest (T-3.VI.3:1).

Den Zustand in der wirklichen Welt bezeichnet der Kurs als »Widerspiegelung der Heiligkeit«:

> In dieser Welt kannst du ein makelloser Spiegel werden, in dem die Heiligkeit deines SCHÖPFERS aus dir heraus zu allem ringsum leuchtet. Du kannst den HIMMEL hier widerspiegeln. Doch dürfen keine Spiegelungen von Bildern anderer Götter den Spiegel trüben, der GOTTES Widerspiegelung enthalten soll (T-14.IX.5:1-3).

Die »anderen Götter« sind, wie wir schon sahen, die Götzen des Ego – die Werte, die wir hegen, unsere vielgeliebten Selbstkonzepte und »heiligen Kühe« –, die wir als Ersatz für GOTT gemacht und die wir als Schleier zwischen uns und den HEILIGEN GEIST gezogen haben.

Wir sind so weit gekommen, wie es das Lernen zuließ, und haben durch unsere Vergebung unseren Teil zur SÜHNE beigetragen. Was jenseits dieses Schrittes für einen jeden liegt, ist auch jenseits allen Lernens:

> Doch nicht einmal Vergebung ist das Ende. Die Vergebung macht zwar schön, aber sie erschafft nicht. Sie ist die QUELLE der Heilung, aber sie ist der Liebe Bote und nicht ihre QUELLE. Hierher wirst du geführt, damit GOTT SELBST den letzten Schritt ungehindert tun kann, denn hier behindert nichts die Liebe, hier kann sie sie selbst sein. Ein Schritt über diesen heiligen Ort der Vergebung hinaus, ein Schritt weiter noch nach innen, aber der einzige, den *du* nicht tun kannst, befördert dich in etwas völlig anderes. Hier ist die QUELLE des Lichts, nichts wird hier wahrgenommen, vergeben und verwandelt. Sondern nur erkannt.
>
> Dieser Kurs wird zur Erkenntnis führen, doch die Erkenntnis selbst liegt noch jenseits des Rahmens unseres

Lehrplans. Und es ist auch nicht nötig, daß wir versuchen, von etwas zu sprechen, was ewig jenseits aller Worte bleiben muß. Wir brauchen uns nur daran zu erinnern, daß jeder, der die wirkliche Welt erlangt – über die das Lernen nicht hinausgehen kann –, darüber hinausgehen wird, aber auf andere Weise. Dort, wo das Lernen endet, da beginnt GOTT, denn Lernen endet vor IHM, DER vollständig ist, wo ER beginnt und wo es kein Ende *gibt* (T-18.IX.10:1-11:4).

Wenn jedes letzte Mitglied der mittleren und dunklen Gruppe die wirkliche Welt erlangt, sich der Gruppe der LICHTWESEN anschließt und keine andere STIMME mehr hört als den HEILIGEN GEIST, wird die fragmentierte SOHNSCHAFT in der WIEDERKUNFT CHRISTI wiedervereint, die im Kurs anders als die traditionelle Erwartung der Wiederkehr Jesu beschrieben wird.

Die ANKUNFT CHRISTI ist lediglich ein anderer Name für die Schöpfung, denn CHRISTUS ist der SOHN GOTTES. Die WIEDERKUNFT CHRISTI bedeutet nichts anderes als das Ende der Herrschaft des Ego und die Heilung des Geistes (T-4.IV.10:1-2).

Die WIEDERKUNFT CHRISTI ist lediglich die Rückkehr von Sinn und Verstand ... das Gewahrwerden der Wirklichkeit (T-9.IV.9:4; 11:10).

Sie ist ein Teil des Zustands, der das zurückerstattet, was nie verloren war, und wiedereinsetzt, was immer und ewig wahr ist. Sie ist die Einladung an das WORT GOTTES, den Platz der Illusionen einzunehmen, und die Bereitwilligkeit, die Vergebung ausnahmslos und ohne Vorbehalt auf allen Dingen ruhen zu lassen ... Die Vergebung leuch-

> tet CHRISTI WIEDERKUNFT den Weg, weil sie auf alles als eins leuchtet. Und so wird das Einssein endlich wiedererkannt ... Die WIEDERKUNFT CHRISTI ist die Zeit, in der ein jeder Geist den Händen CHRISTI übergeben wird, um dem reinen Geist zurückgegeben zu werden, im Namen der wahren Schöpfung und des WILLENS GOTTES (Ü-II.9.1:2-3, 2:3-4, 3:2).

Die WIEDERKUNFT CHRISTI ist also die Berichtigung des fehlerhaften Denkens der SOHNSCHAFT, das Erwachen aus dem Traum der Trennung. Sie weckt das Gewahrsein der Unschuld wieder, deren Einheit auf immer und ewig verloren zu sein *schien*. Nun ist der fragmentierte Geist geheilt, das Ziel des HEILIGEN GEISTES vollendet:

> CHRISTI WIEDERKUNFT beendet die Lektionen, die der HEILIGE GEIST lehrt, und macht dem JÜNGSTEN GERICHT Platz, in dem das Lernen in einer letzten Zusammenfassung endet, die sich über sich hinaus ausdehnen wird und zu GOTT hinaufreicht (Ü-II.9.3:1).

Das JÜNGSTE GERICHT, das nicht mit dem verwechselt werden sollte, was traditionell im Christentum darunter verstanden wird, nämlich daß die Schlechten bestraft und die Guten belohnt werden, ist der Begriff, der im Kurs für den vorletzten Schritt auf unserer Reise verwendet wird. Es ist das letzte Urteil, das die SOHNSCHAFT zwischen der Wahrheit und Illusionen trifft. Im Kurs heißt es dazu:

> Das JÜNGSTE GERICHT wird gewöhnlich als ein Verfahren angesehen, das von GOTT vollzogen wird. Tatsächlich wird es von meinen [Jesu] Brüdern mit meiner Hilfe vollzogen werden. Es ist eine letzte Heilung statt eines Zumessens

> von Strafe ... Das JÜNGSTE GERICHT könnte man einen Prozeß der richtigen Bewertung nennen. Es bedeutet einfach, daß jeder schließlich ein Verständnis dessen erlangen wird, was würdig ist und was nicht (T-2.VIII.3:1-3, 5-6).

Die WIEDERKUNFT CHRISTI läutet das JÜNGSTE GERICHT ein und läßt die SOHNSCHAFT endlich die STIMME hören, die sie von Anfang an gerufen hat:

> Die WIEDERKUNFT CHRISTI schenkt dem SOHN GOTTES diese Gabe: die STIMME FÜR GOTT verkünden zu hören, daß das, was falsch ist, falsch ist und das, was wahr ist, sich nie geändert hat. Dies ist das Urteil, in dem die Wahrnehmung endet. Erst siehst du eine Welt, die dieses als wahr angenommen hat, aus einem Geiste projiziert, der nun berichtigt worden ist. Und mit dieser heiligen Sicht gibt die Wahrnehmung einen stummen Segen und verschwindet dann, denn ihr Ziel ist erreicht, und ihr Auftrag ist erfüllt (Ü-II.10.1).

Beim JÜNGSTEN GERICHT betrachtet die nun wiedervereinte SOHNSCHAFT zum letzten Mal, was sie gemacht hat, und erkennt:

> Nichts, was der GOTTESSOHN glaubt, kann zerstört werden. Doch das, was für ihn Wahrheit ist, muß zum letzten Vergleich, den er je ziehen wird, zur letzten Bewertung, die möglich sein wird, zum letzten Urteil über diese Welt gebracht werden. Es ist das Urteil der Wahrheit über die Illusion und der Erkenntnis über die Wahrnehmung: »Sie hat keine Bedeutung, und sie existiert nicht« (T-26.III.4:1-3).

> Das LETZTE URTEIL über die Welt enthält keine Verurteilung. Denn es sieht die Welt als eine, der total vergeben ist, ohne Sünde und gänzlich ohne Sinn und Zweck. Ohne eine Ursache und nun ohne Funktion in CHRISTI Sicht entgleitet sie einfach ins Nichts. Dort wurde sie geboren, und dort endet sie auch. Und all die Figuren in dem Traum, in dem die Welt begann, gehen mit ihr. Körper sind jetzt nutzlos und werden deshalb dahinschwinden, weil der SOHN GOTTES grenzenlos ist (Ü-II.10.2).

Wird die WIRKLICHKEIT so angenommen, *wie sie ist*, ist der ursprüngliche Fehler aufgehoben. Und mit dieser Einsicht erwacht der SOHN aus dem Traum mit diesen heiligen Worten:

> Ich bin GOTTES SOHN, vollständig und geheilt und ganz, leuchtend in der Widerspiegelung SEINER LIEBE. In mir wird SEINE Schöpfung geheiligt und ihr ewiges Leben garantiert. In mir ist die Liebe vollkommen, die Angst unmöglich und die Freude ohne Gegenteil begründet worden. Ich bin das heilige Zuhause von GOTT SELBST. Ich bin der HIMMEL, in dem SEINE LIEBE wohnt. Ich bin SEINE heilige SÜNDENLOSIGKEIT SELBST, denn in meiner Reinheit wohnt SEINE EIGENE (Ü-II.14.1).

Und der SOHN hört seinen VATER mit den Worten antworten, von denen er dachte, daß er sie nie wieder hören würde:

> Du bist nach wie vor MEIN heiliger SOHN, ewig unschuldig, ewig liebend und ewig geliebt, so grenzenlos wie dein SCHÖPFER, völlig unveränderbar und ewig rein. Erwache deshalb, und komm zu MIR zurück. Ich bin dein VATER, und du bist MEIN SOHN (Ü-II.10.5:1-3).

Ein letzter »Schritt« bleibt noch zu tun, wenngleich er, wie es im Kurs heißt, gar kein Schritt ist. Er ist die Gabe GOTTES, und durch ihn erwacht

> die Erinnerung an IHN … in jenem Geist, der IHN um die Mittel bittet, durch die sein Schlaf vorbei ist … Dies ist die Gabe, durch die GOTT sich uns zuneigt und uns emporhebt, wobei ER den letzten Schritt zur Erlösung SELBER tut. Wir lernen alle Schritte außer diesem, von SEINER STIMME angewiesen. Doch endlich kommt ER SELBST, schließt uns in SEINE ARME und fegt die Spinnweben unseres Schlafes weg. SEINE Gabe der Gnade stellt alle Erinnerungen wieder her, die der schlafende Geist vergaß, alle Gewißheit darüber, was die Bedeutung der LIEBE ist (Ü-I.168.2:6; 3:2-6).

In einer bewegenden Textstelle bittet Jesus uns inbrünstig, die Wahl zu treffen, die uns nach HAUSE bringt:

> O meine Brüder, wenn ihr nur den Frieden kennen würdet, der euch einhüllen und euch sicher und rein und lieblich im GEIST GOTTES halten wird, ihr könntet nur hineilen, IHM dort zu begegnen, wo SEIN Altar ist. Geheiligt werde dein Name und der SEINE, denn sie sind hier an diesem heiligen Ort verbunden. Hier beugt ER sich hinab, um dich zu IHM emporzuheben – hinaus aus Illusionen in die Heiligkeit; hinaus aus der Welt und in die Ewigkeit; hinaus aus aller Angst und der Liebe zurückgegeben (B-4.8).

Auf den letzten Seiten von *Ein Kurs in Wundern* lesen wir dieses Dankgebet für unsere Rückkehr zu dem, was wir in Wahrheit nie verlassen haben:

Laß uns hier in Stille warten und einen Augenblick lang niederknien in unserer Dankbarkeit IHM gegenüber, DER uns rief und DER uns half, SEINEN RUF zu hören. Und dann wollen wir uns erheben und in Glauben den Weg entlang zu IHM gehen. Jetzt sind wir sicher, daß wir nicht alleine gehen. Denn GOTT ist hier und mit IHM alle unsere Brüder. Jetzt erkennen wir, daß wir nie wieder den Weg verlieren werden. Das Lied, das nur einen Augenblick lang unterbrochen wurde, beginnt von neuem, obgleich es ewig ungesungen scheint. Was hier begonnen wird, wird an Leben und an Stärke und an Hoffnung wachsen, bis die Welt einen Augenblick lang stille ist und alles vergißt, was der Traum der Sünde aus ihr machte (B-Ep.4).

Epilog

In *Ein Kurs in Wundern* heißt es, »das Prinzip der SÜHNE wurde dem HEILIGEN GEIST gegeben«, mußte aber dennoch in Gang gesetzt werden (B-6.2:4; T-2.II.4:2). Mit anderen Worten, der Grundsatz, daß die Trennung nichts anderes als ein böser Traum ist, mußte der Welt vorgelebt werden. Es mußte nachgewiesen werden, daß die Welt des Leidens und des Todes nichts anderes als das Produkt des Fehlgedankens des SOHNES war, er habe seinen VATER angegriffen und sogar zerstört. Oder noch genauer: Der Glaube des SOHNES, GOTT könne ihm seine Sünde nie vergeben, geschweige denn ihn lieben, mußte durch eine vollkommene Demonstration ebendieser Liebe im Angesicht des Angriffs widerlegt werden.

Jesus setzte diesen Plan in Bewegung und wurde daher, wie er im Kurs sagt, der Führer in diesem Prozeß (T-1.III.1:1; B-6.2). Er war die lebendige Manifestation der LIEBE des HIMMELS, sogar angesichts dessen, was wie seine Vernichtung aussah. In diesem Sinn war Jesus das Symbol GOTTES, denn sein Leben vollkommener Liebe schien dem Angriff der Welt zum Opfer zu fallen, und sein scheinbarer Tod schien eine Wiederholung der ursprünglichen Trennung und des Angriffs des SOHNES auf die vollkommene

LIEBE seines Vaters zu sein. Das gesamte Drehbuch der Trennung einschließlich des Hervorbringens der Welt folgte unmittelbar auf den Glauben sowohl der mittleren wie der dunklen Gruppe, das Unmögliche sei tatsächlich mit ganz realen Wirkungen geschehen. Die Schuld der mittleren Gruppe infolge der »Sünde«, sich gegen die LIEBE des HIMMELS gekehrt zu haben, hielt diesen Glauben aufrecht. Diese Schuld wiederum wurde durch die Angst des Ego vor der rächenden Vergeltung GOTTES, welche die LIEBE unmöglich machte, aufrechterhalten. Alles war verloren, denn nun glaubte der SOHN, er habe die LIEBE auf ewig zerstört.

»In diese hoffnungslose und geschlossene Lernsituation, die nichts als Verzweiflung und Tod lehrt, sendet GOTT SEINE Lehrer« (H-Einl.4:7), und dahin kam Jesus, um uns zu lehren, daß wir uns irrten und nicht sündig waren, sondern uns nur in unserem Glauben getäuscht hatten. Durch seine Person und sein Leben führte er noch einmal für die schlafende SOHNSCHAFT den Traum ihres Verrates an der LIEBE GOTTES vor. Das große kosmische Drama, das in dem einen wahnsinnigen Augenblick ablief, wurde hier in die Welt von Raum und Zeit übertragen und in kühnen Zügen durchgespielt, damit alle, die an die Wirklichkeit von Träumen glaubten, es noch einmal erleben konnten.

Im Bewußtsein der mittleren Gruppe lag die erschreckende Erinnerung an ihre Sünde und GOTTES Ungnade begraben. Genau diese Erinnerung wurde vor zweitausend Jahren in Palästina wachgerufen, allerdings mit einem Unterschied. Weil GOTT in der Person Jesu in die Welt gekommen war, wurde noch eine andere Erinnerung wachgerufen und uns zu Bewußtsein gebracht. Es war die ebenfalls tief begrabene Erinnerung an die sanfte Ermahnung der Gruppe der LICHTWESEN, daß das Urteil des SOH-

NES falsch war: Es gab tatsächlich eine andere Sichtweise auf den falschen Gedanken der Trennung.

Die Kreuzigung Jesu brachte dem SOHN also nicht nur die Gedanken der Sünde, Schuld und Angst wieder zu Bewußtsein, sondern auch den Gedanken der SÜHNE. Hier war endlich der unwiderlegbare Beweis, daß GOTT über die »Sünde« der Welt nicht ärgerlich war. Der symbolischen Ermordung der LIEBE GOTTES auf dem Kalvarienberg wurde mit einer Reaktion vollständiger Widerstandslosigkeit begegnet. Angesichts der Bösartigkeit der Egos der Welt trat Jesus einfach einen Schritt zurück und liebte – eine vollkommene Manifestation der ursprünglichen Botschaft der LICHTWESEN:

> Widersetze dich nicht … die LIEBE – unser wahrer Zustand – kann sich niemals widersetzen … Was aussieht wie ein Gegenteil, ist unwirklich und daher wahnsinnig. Glaube nicht an etwas, das nicht existiert (vgl. S. 43 f.)

Da Jesus keinen Angriff, sondern nur den aus Angst geborenen Ruf nach Liebe wahrnahm, konnte er uns nur lieben und uns zur Erinnerung an den aufrufen, der wir waren, wie er es in der folgenden Stelle im Kurs tut:

> Kind GOTTES, du bist erschaffen worden, um das Gute, das Schöne und das Heilige zu erschaffen. Vergiß das nicht. Die LIEBE GOTTES muß eine kleine Weile noch durch einen Körper zu einem anderen geäußert werden, weil die Schau noch so schwach ist (T-1.VII.2:1-3).

Jesu Körper war ein solches Werkzeug für uns alle. An einer Stelle, die zur Weihnachtszeit niedergeschrieben wurde, sagt er:

> Der FRIEDENSFÜRST wurde geboren, um die Bedingung für die Liebe wiederherzustellen, indem er lehrte, daß die Kommunikation ununterbrochen bleibt, selbst wenn der Körper zerstört wird ... Die Lektion, die zu lehren ich geboren wurde und die ich nach wie vor all meine Brüder lehren möchte, ist, daß Opfern nirgends und Liebe überall ist (T-15.XI.7:2, 5).

Und andernorts ermahnt er uns:

> Lehre nicht, daß ich umsonst gestorben bin. Lehre vielmehr, daß ich nicht gestorben bin, indem du aufzeigst, daß ich in dir lebe (T-11.VI.7:3-4).

Somit bittet uns Jesus, uns in jeder Situation, in der wir versucht sind, uns als von der Welt »ungerecht behandelt wahrzunehmen«, an die Lektion, die er uns gelehrt hat, und an seine Liebe zu erinnern – in jedem Umstand, in dem wir nicht nur glauben, unser Ärger sei gerechtfertigt, sondern auf einer tieferen Ebene zudem glauben, wir würden wegen unserer ungerechten Behandlung GOTTES und CHRISTI eine ungerechte Behandlung verdienen. Von uns wird nicht verlangt, Jesu Lektion der Widerstandslosigkeit in derselben Form nachzuahmen, aber es *wird* von uns verlangt, ihn uns inhaltlich zum Vorbild zu nehmen und aufzuzeigen, daß er durch unsere Vergebung in uns lebt, indem wir alle Menschen so lieben, wie er alle Menschen liebte.

Jesu Liebe zu uns ist die LIEBE GOTTES zu dem, was ER erschaffen hat. Diese Liebe anzunehmen erweckt uns aus unserem Traum des Verrats und gibt GOTT den SOHN zurück, der niemals seines VATERS HAUS verlassen hat. Diese Liebe braucht nicht speziell mit Jesus gleichgesetzt zu werden, damit wir aus dem Traum erwachen, doch sollten wir seinem Beispiel der Vergebung nacheifern, wenn der Alptraum ein Ende haben soll. Die Botschaft der LICHTWESEN, dem Irrtum keine Wirklichkeit zu verleihen, ihn nicht wahr zu machen, wurde vom Kreuz herab noch einmal wiederholt und klingt in *Ein Kurs in Wundern* erneut an. Die Hoffnung auf Frieden in der Welt hängt davon ab, ob wir diese Botschaft rückhaltlos und ohne Ausnahme akzeptieren.

Jesus hat unseren müden Augen die »Schau von einer anderen Welt, so neu und rein und frisch« (T-31.VIII.8:4) gebracht, daß diese Sicht der Traumwelt, die wir hervorgebracht haben, uns nur noch Freudentränen entlocken kann darüber, daß wir uns geirrt haben und GOTT Recht hatte. Wie freudig bezahlen wir nun den »Preis«, unsere Welt für die SEINE zu opfern und eine Welt des Mordes, Schreckens und des Hasses gegen die wirkliche Welt der Freude, Liebe und des Friedens einzutauschen! Wie dankbar sind wir nun, daß der Alptraum nur ein Traum war und daß wir nie alleingelassen, sondern sanft von der STIMME für die LIEBE aufgeweckt wurden. Nun erheben sich unsere Herzen in freudigem Dank, endlich mit dem ganz gewordenen CHRISTUS als eins zurückzukehren! Gemeinsam als ein SOHN verschmelzen unsere Stimmen zu einer STIMME und verbinden sich in einem dankbaren Gesang der Liebe, in dem die Liebe nun zur LIEBE singt:

> Laß uns hinausgehen und der neugeborenen Welt begegnen – in der Erkenntnis, daß CHRISTUS in ihr wiedergeboren wurde und daß die Heiligkeit dieser Wiedergeburt ewig währen wird. Wir hatten unseren Weg verloren, doch ER hat ihn für uns gefunden. Laß uns gehen und IHN willkommen heißen, DER zu uns zurückkehrt, um die Erlösung zu feiern und das Ende von all dem, von dem wir dachten,

wir hätten es gemacht. Der Morgenstern dieses neuen Tages blickt auf eine andere Welt, auf eine Welt, wo GOTT willkommen geheißen wird und SEIN SOHN mit IHM. Wir, die wir IHN vervollständigen, danken IHM, wie auch ER uns dankt. Der SOHN ist still, und in der Stille, die GOTT ihm gab, geht er in sein Zuhause ein und findet endlich Frieden (B-Ep.5).

ANHANG

Modell der zwei Ebenen

Bei der Darstellung der Gedanken von *Ein Kurs in Wundern* ist es zu Anfang hilfreich, sich klarzumachen, daß der Kurs auf zwei verschiedenen Ebenen geschrieben ist (siehe das Diagramm auf der nächsten Seite). Die erste Ebene stellt den Unterschied zwischen dem EINEN GEIST und dem gespaltenen Geist dar, während auf der zweiten Ebene Recht- und Falschgesinntheit gegenübergestellt werden. Auf der ersten Ebene gelten beispielsweise die Welt und der Körper als vom Ego hervorgebrachte Illusionen. Sie symbolisieren also die Trennung von GOTT.

Die zweite Ebene bezieht sich auf diese Welt, in der wir zu sein glauben, und auf dieser Ebene werden die Welt und der Körper als neutral betrachtet und können einem von zwei Zielen dienen. Für das falschgesinnte Ego sind sie Instrumente, um die Trennung zu verstärken. Für die Rechtgesinntheit sind sie Lehrmittel des HEILIGEN GEISTES, mit deren Hilfe wir seine Lektionen der Vergebung lernen. Auf dieser zweiten Ebene bezieht sich der Begriff der Illusion also auf die falschen Wahrnehmungen des Ego, die darin bestehen, beispielsweise einen Angriff anstelle eines Rufes nach Liebe oder eine Sünde anstelle eines Irrtums zu sehen.

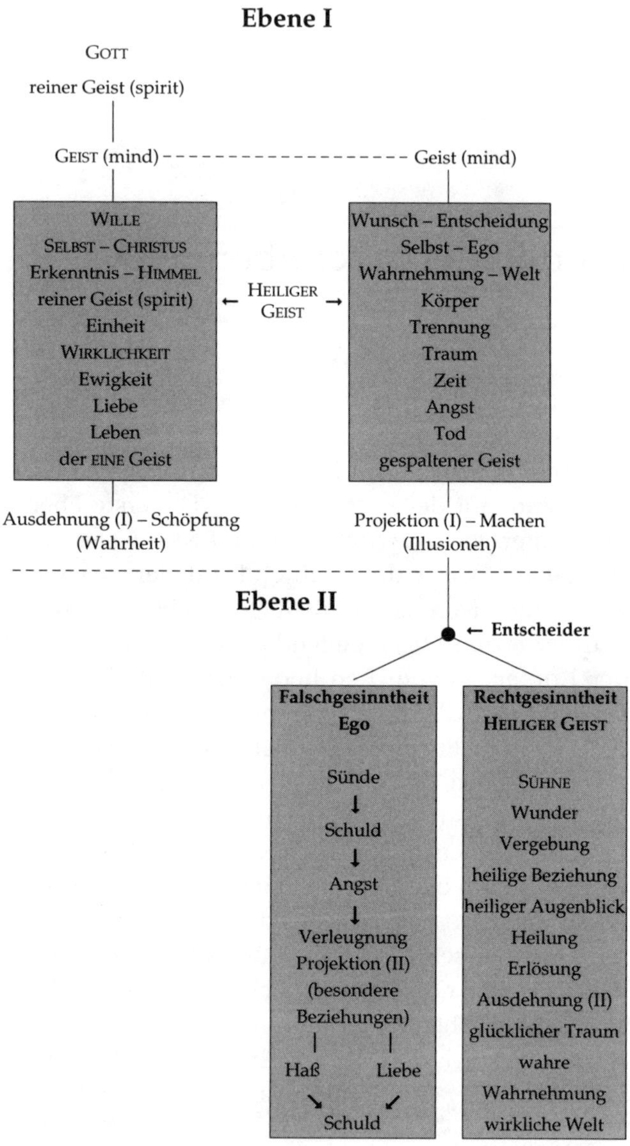
Ebene I
GOTT
reiner Geist (spirit)
GEIST (mind)
Geist (mind)
WILLE
SELBST – CHRISTUS
Erkenntnis – HIMMEL
reiner Geist (spirit)
Einheit
WIRKLICHKEIT
Ewigkeit
Liebe
Leben
der EINE Geist
HEILIGER GEIST
Wunsch – Entscheidung
Selbst – Ego
Wahrnehmung – Welt
Körper
Trennung
Traum
Zeit
Angst
Tod
gespaltener Geist
Ausdehnung (I) – Schöpfung
(Wahrheit)
Projektion (I) – Machen
(Illusionen)
Ebene II
Entscheider
Falschgesinntheit
Ego
Sünde
Schuld
Angst
Verleugnung
Projektion (II)
(besondere Beziehungen)
Haß
Liebe
Schuld
Rechtgesinntheit
HEILIGER GEIST
SÜHNE
Wunder
Vergebung
heilige Beziehung
heiliger Augenblick
Heilung
Erlösung
Ausdehnung (II)
glücklicher Traum
wahre Wahrnehmung
wirkliche Welt

Index der Zitate und Textstellen aus *Ein Kurs in Wundern*

* Angegeben ist jeweils die Seite, auf der sich die Quellenangabe befindet oder das Zitat endet.

ÜBUNGSBUCH

HANDBUCH FÜR LEHRER

BEGRIFFSBESTIMMUNG

Die Foundation for »A Course in Miracles«, Akademie und Retreat Center

Kenneth Wapnick promovierte 1968 an der Adelphi-Universität in klinischer Psychologie. Seit 1973 befaßt er sich in seiner Eigenschaft als Psychotherapeut, Autor und Lehrer mit Ein Kurs in Wundern. *Im Jahre 1983 gründete er gemeinsam mit seiner Frau Gloria die Foundation for* »A Course in Miracles« *(Stiftung für »Ein Kurs in Wundern«). 1988 eröffneten sie eine Akademie und Tagungsstätte im Norden des Bundesstaates New York. Ihr Zentrum ist die offizielle Lehrinstitution der »Foundation for Inner Peace«, die das amerikanische Originalwerk* A Course in Miracles *herausgibt. Über ihre Vision der Stiftung und des Zentrums schreiben sie selbst:*

Als wir uns mit *Ein Kurs in Wundern* in den ersten Jahren befaßten und seine Prinzipien in unserer jeweiligen beruflichen Funktion als Psychotherapeut und als Lehrerin lehrten und anwandten, erschien es uns offensichtlich, daß dies kein leichtverständliches Denksystem war. Das galt für das intellektuelle Verständnis der Prinzipien ebenso wie, vielleicht noch weitaus mehr, für ihre Anwendung im täglichen Leben. So hatten wir von Anfang an den Eindruck, daß es sich anbot, den Kurs zu lehren, parallel zu der laufenden Unterweisung, die uns der HEILIGE GEIST täglich innerhalb unserer Beziehungen gibt, wie auf den ersten Seiten des Handbuchs für Lehrer beschrieben. Als Helen Schucman und ich (Kenneth) vor vielen Jahren einmal über diese Gedanken sprachen, erzählte sie mir von der Vision eines Schulungszentrums, die sie gehabt hatte: eines weißen, von einem goldenen Kreuz gekrönten Tempels. Obwohl dieses Bild eindeutig symbolischen Charakter hatte, war uns klar, daß es ausdrückte, was dieses Schulungszentrum sein sollte: ein Ort, an dem Jesus und seine Botschaft in *Ein Kurs in Wundern* manifest würden. Wir haben manchmal das Bild eines Leuchtturms vor uns gesehen, der sein Licht über das Meer wirft und die Vorüberfahrenden, die nach ihm Ausschau halten, zu sich ruft. Für uns ist dieses Licht die Lehre des Kurses von der Vergebung. Wir hoffen, sie mit denen zu teilen, die sich von der Art, wie in unserer Foundation gelehrt wird, und von unserer Vision des Kurses angezogen fühlen. Diese Vision beinhaltet die Überzeugung, daß *Ein Kurs in Wundern* von Jesus aus mehreren Gründen zu diesem besonderen Zeitpunkt und in dieser besonderen Form gegeben wurde. Dazu zählen vor allem:

1. Die Notwendigkeit, den Geist vom Glauben zu heilen, daß Angriff Erlösung sei. Das geschieht durch Vergebung, die Aufhebung unseres Glaubens an die Wirklichkeit von Trennung und Schuld.
2. Die Betonung der Wirklichkeit von Jesus und/oder dem HEILIGEN GEIST als unserem liebevollen und sanften LEHRER und die Entwicklung einer persönlichen Beziehung zu diesem LEHRER.

3. Die Berichtigung der Irrtümer des Christentums, besonders da, wo es die Betonung auf Leiden, Opfer, Trennung und Sakramente als Bestandteile des göttlichen Heilsplans legt.

Unser Denken wurde immer von Plato (und seinem Lehrer Sokrates) inspiriert, sowohl vom Menschen als auch seinen Lehren. Platos Akademie war ein Ort, an den ernsthafte und nachdenkliche Menschen kamen, um seine Philosophie in einer dafür geeigneten Atmosphäre zu studieren. Dann kehrten sie in ihren jeweiligen Beruf zurück, um das umzusetzen, was der große Philosoph sie gelehrt hatte. Aufgrund dieser Verknüpfung abstrakter philosophischer Ideale mit der Erfahrung erschien uns Platos Schule als das perfekte Vorbild für unser Schulungszentrum. Daher sehen wir den hauptsächlichen Sinn der Foundation darin, Schülern von *Ein Kurs in Wundern* zu helfen, ihr Verständnis seines Denksystems sowohl theoretisch als auch praktisch zu vertiefen, damit sie wirkungsvollere Instrumente der Lehren Jesu in ihrem eigenen Leben sein können. Da es wirkungslos ist, Vergebung zu lehren, ohne sie zu erfahren, ist eines der spezifischen Ziele der Foundation, den Prozeß zu erleichtern, durch den die einzelnen Menschen besser erfahren können, daß ihnen ihre Sünden vergeben sind und sie wahrhaft von GOTT geliebt werden. Auf diese Weise kann der HEILIGE GEIST SEINE LIEBE durch sie an andere weitergeben.

Ein Lehrer wird im Kurs einfach als jemand definiert, der ein solcher sein möchte, und so heißen wir bei uns alle willkommen, die kommen möchten. Wir bieten Vorträge und Workshops für größere Gruppen wie auch Seminare für kleinere Gruppen an, in denen ein intensiveres Studium und Wachstum ermöglicht wird.

Die Foundation liegt an einem See in den Catskill Mountains auf einem Gebiet von 40 Hektar, etwa 200 Kilometer von New York entfernt. Die ländliche Lage des Zentrums und die bequemen Unterkünfte schaffen eine friedvolle und meditative Atmosphäre, in der sich Schüler des Kurses dem Gebet, dem Studium und der Kontemplation widmen können.

Diese Chance einer intensiven Selbstreflexion abseits vom Alltag ist eine große Hilfe, um das Verständnis der Lehre des Kurses zu vertiefen und in das eigene Leben zu integrieren. Zudem besteht die Möglichkeit der Begegnung und des Austausches mit Menschen, die sich auf dem gleichen Weg befinden.

Foundation for »A Course in Miracles«
1275 Tennanah Lake Road
Roscoe, NY 12776-5905
USA

Ein Gesamtkatalog mit den von der Foundation herausgegebenen Schriften, Büchern, Tonbändern und Videokassetten ist erhältlich bei der Foundation oder beim

Greuthof Verlag
Herrenweg 2
D 79261 Gutach i.Br.

Kenneth Wapnick

EINFÜHRUNG IN *EIN KURS IN WUNDERN*

Betrachtungen über einen anderen Weg zum inneren Frieden

Die wichtigsten Prinzipien von *Ein Kurs in Wundern* werden hier sehr anschaulich von Kenneth Wapnick dargelegt. In seiner Einführung gibt uns der Autor einen leichtverständlichen und lebenspraktischen Einblick in die Grundlagen dieses einmaligen Werkes, das uns den Weg zu einem ruhigen und friedlichen Geist weist. Neben einer kurzen Betrachtung über die Entstehung des *Kurses* enthält die Einführung auch Antworten zu Themen, die uns alle bewegen.

Kenneth Wapnick war eng mit der Veröffentlichung von *Ein Kurs in Wundern* verbunden und gilt weltweit als sein bester Kenner. Er lehrt den *Kurs* seit 1973 und integriert dessen Prinzipien in seine Arbeit als Psychologe und Leiter eines Akademie- und Retreat-Centers in den USA. Unzähligen Menschen aus aller Welt hat er geholfen, die Lehre des *Kurses* in ihrem Alltag wirksam werden zu lassen.

154 Seiten, 5. Auflage

Gloria und Kenneth Wapnick

DER HIMMEL HAT KEIN GEGENTEIL

Die wichtigsten Fragen zu *Ein Kurs in Wundern*

Das Studium von *Ein Kurs in Wundern* führt nicht nur zu neuen und überraschenden Einsichten, sondern wirft auch eine Reihe von Fragen auf. Für alle, die ihr Verständnis des *Kurses* vertiefen möchten, sind hier die am häufigsten auftauchenden Fragen nach fünf zentralen Gesichtspunkten zusammengestellt.

Mit großer Präzision und Anschaulichkeit besprechen die Autoren die wichtigsten Probleme im Umgang mit dem *Kurs* und räumen mögliche Mißverständnisse aus. Darüber hinaus wird die Rolle Jesu im *Kurs* behandelt sowie der Umgang mit Text- und Übungsbuch erläutert. Den Lesern werden fundierte Antworten zu einer großen Themenvielfalt geboten.

202 Seiten, 2. Auflage

Kenneth Wapnick

WUNDER ALS WEG

Die 50 Grundsätze der Wunder in *Ein Kurs in Wundern*

Den Auftakt zu *Ein Kurs in Wundern* bilden die 50 Grundsätze der Wunder. Sie enthalten im Keim bereits die ganze Lehre des *Kurses*, der eines der bedeutendsten geistigen Lehrwerke unserer Zeit ist und auf einzigartige Weise moderne Psychologie mit Spiritualität verbindet.

Kenneth Wapnick erläutert Schritt für Schritt jeden einzelnen Grundsatz und geht ausführlich auf relevante Fragen ein.

Es wird deutlich, daß Wunder nicht die äußeren Umstände verändern, sondern unsere falsche Wahrnehmung von uns selbst und der Welt berichtigen. Der Leser erhält einen tiefen Einblick in das Denksystem des *Kurses* und erfährt, wie man Wunder im täglichen Leben geschehen lassen kann, um inneren Frieden zu gewinnen.

191 Seiten, 2. Auflage

Kenneth Wapnick

DIE VERGEBUNG UND JESUS

Zentrale Lehren von Christentum und *Ein Kurs in Wundern*

In diesem richtungweisenden Werk werden eine Reihe christlicher Lehren im Lichte von *Ein Kurs in Wundern* behandelt.

Die Grundsätze des *Kurses*, der uns einen Weg zum inneren Frieden aufzeigt, werden im ersten Teil ausführlich erläutert. Themen wie Krankheit, Ungerechtigkeit und Sexualität werden aus seiner Sicht betrachtet und anschaulich gemacht.

Im zweiten Teil zeichnet Kenneth Wapnick ein lebendiges Bild des vergebenden Jesus. Ausführlich werden die Lehren des Neuen Testaments zur Vergebung und der Sinn der Kreuzigung behandelt – dabei werden viele Mißverständnisse ausgeräumt, die unser Jesusbild bis zum heutigen Tage trüben und verfälschen.

Welche Rolle Jesus in unserem Leben spielen kann und was es bedeutet, ihm zu folgen, das eröffnet uns der Autor in seiner klaren und prägnanten Sprache in den beiden letzten Teilen. Er ebnet uns damit einen unmittelbaren Zugang zu *Ein Kurs in Wundern* und zu einem neuen christlichen Glauben.

411 Seiten

DER VERGESSENE GESANG

Die Entstehungsgeschichte von *Ein Kurs in Wundern*

»Horch! Vielleicht erhaschst du den Hauch eines Urzustands, den du nicht ganz vergessen hast – undeutlich vielleicht, und doch nicht gänzlich unbekannt, wie ein Lied, dessen Name du längst vergessen hast und ebenso die Umstände, unter denen du ihn vernahmst.«

EIN KURS IN WUNDERN

Ein Kurs in Wundern ist ein beispielloses Werk, das uns einen einzigartigen Weg zur spirituellen Entwicklung weist. Aufgrund einer inneren Stimme wurde er von der angesehenen Psychologieprofessorin Dr. Helen Schucman zwischen 1965 und 1972 niedergeschrieben. Bei diesem ungewöhnlichen Unterfangen stand ihr von Anfang an ihr Kollege Dr. William Thetford, ebenfalls Professor an der New Yorker Columbia-Universität, zur Seite.

Dieser authentische Dokumentarfilm in deutscher Fassung, der an den Orten des Geschehens gefilmt wurde, berichtet von der wunderbaren Entstehungsgeschichte des *Kurses* und zeichnet die Erlebnisse Helen Schucmans nach. Er schließt nachgespielte Szenen aus ihren Visionen und Träumen ein, die zur Niederschrift des *Kurses* führten, sowie wörtliche Abschnitte aus ihrer unveröffentlichten Autobiographie.

Ein ergreifender Einblick in die Geschichte des *Kurses* – für Auge, Ohr und Herz.

VHS-Video, 60 Minuten, 6. Auflage